**AMANHÃ
O SEXO
SERÁ BOM
NOVAMENTE**

TRADUÇÃO
RITA PASCHOALIN

BAZAR DO TEMPO

KATHERINE ANGEL

AMANHÃ O SEXO SERÁ BOM NOVAMENTE

MULHERES E DESEJO
NA ERA DO CONSENTIMENTO

© Bazar do Tempo, 2023
© Katherine Angel, 2021
Título original: *Tomorrow Sex Will Be Good Again – Woman an Desire in the Age of Consent*

Todos os direitos reservados e protegidos pela Lei n. 9.610, de 12.2.1998.
É proibida a reprodução total ou parcial sem a expressa anuência da editora.

Este livro foi revisado segundo o Acordo Ortográfico da Língua Portuguesa de 1990, em vigor no Brasil desde 2009.

Edição
Ana Cecilia Impellizieri Martins

Coordenação editorial
Cristiane de Andrade Reis

Tradução
Rita Paschoalin

Copidesque
Cecilia Mattos Setubal

Revisão
Alice Cardoso

Capa
LeTrastevere

Diagramação
Cumbuca Studio

CIP-BRASIL. CATALOGAÇÃO NA PUBLICAÇÃO
SINDICATO NACIONAL DOS EDITORES DE LIVROS, RJ

A589a

Angel, Katherine
Amanhã o sexo será bom novamente: mulheres e desejo na era do consentimento / Katherine Angel; tradução Rita Paschoalin. – 1. ed. – Rio de Janeiro: Bazar do Tempo, 2023.

144 p. ; 21 cm.

Tradução de: Tomorrow sex will be good again: women and desire in the age of consent
ISBN 978-65-84515-37-6

1. Mulheres - Comportamento sexual. 2. Mulheres - Condições sociais. 3. Prazer. 4. Consentimento sexual. I. Paschoalin, Rita. II. Título.

          CDD: 306.7082
23-82706 CDU: 316.83-055.

Meri Gleice Rodrigues de Souza - Bibliotecária - CRB-7/6439

 BAZAR DO TEMPO
PRODUÇÕES E EMPREENDIMENTOS CULTURAIS LTDA.

Rua General Dionísio, 53 - Humaitá
22271-050   Rio de Janeiro - RJ
contato@bazardotempo.com.br
www.bazardotempo.com.br

Para Allen, Cassie, Mitzi e Sasha

Não acho adequado apresentá-la – seja a ela ou a qualquer outra mulher – como uma pessoa no comando dos próprios demônios ou submissa a eles, como se suas únicas opções fossem o triunfo ou a derrota (um vocabulário militar que não poderia ser mais distante daquele usado por ela.)

Jacqueline Rose,
"Respect: Marilyn Monroe", *Women in Dark Times*

1 CONSENTIMENTO
_10

2 DESEJO
_54

3 EXCITAÇÃO
_84

4 VULNERABILIDADE
_110

AGRADECIMENTOS_134

REFERÊNCIAS_138

1 CONSENTIMENTO

Em algum momento do início dos anos 2010, o ator pornô James Deen fez um filme com uma fã a quem ele chamou de Moça X [Girl X]. Deen fazia isso de vez em quando: as fãs lhe escreviam pedindo para fazer sexo com ele, ou o próprio ator divulgava um anúncio "Contracene com James Deen", e os resultados eram exibidos em seu *site*. Em uma entrevista, em abril de 2017,[1] poucos meses antes de a mídia ser dominada pelas discussões em torno do abuso sexual e do assédio cometidos por Harvey Weinstein e por outros – e apenas dois anos depois de o próprio Deen ter sido acusado, mas não formalmente, de múltiplos abusos –, ele disse:

> Eu organizo um concurso "Contracene com James Deen" no qual mulheres podem se inscrever e, então, depois de muita conversa, de eu passar meses falando, sabe, "Todo mundo vai descobrir, isso vai afetar seu futuro" e de eu praticamente tentar convencer a pessoa a desistir, aí a gente grava a cena.

Na verdade, há pouco sexo no vídeo com a Moça X. Na maior parte do tempo, o que se vê é uma longa conversa, cheia de insinuações e cantadas, que sempre volta à questão de se eles vão ou não transar, filmar e exibir tudo on-line. A Moça X hesita; oscila entre fazer graça e recuar; parece ora disposta, ora aflita; avança e, então, empaca. Fica dividida, pensativa e indecisa. Ela verbaliza seus dilemas, e Deen tenta se manter receptivo.

Presume-se que a jovem quer "contracenar com James Deen", mas, quando ele abre a porta, ela parece perder a coragem. No vídeo, ela chega ao apartamento usando uma *legging* de vinil e uma blusa de seda branca, com detalhes em preto, toda abotoada – nosso olhar atravessa a câmera, junto a Deen,

---

1. *The Adam and Dr. Drew Show*, episódio 558, 12 de abril de 2017. Disponível em: https://adamanddrdrewshow.com/558-james-deen/. Acesso em janeiro de 2023.

que conduz a filmagem. A jovem caminha pelo ambiente, agitada, com uma risada aguda e nervosa, dizendo *"Ah, meu Deus, ah, meu Deus"*. É possível enxergar alguns detalhes do lugar – o ambiente é impessoal e anônimo: as superfícies são cintilantes, há muita madeira clara. Quando Deen abaixa a câmera, vemos partes de sua vestimenta: calça jeans surrada e um par de grandes tênis brancos. De vez em quando, ele filma o rosto dela; ela se vira. À medida que os dois se movimentam pela cozinha, equipada com uma ilha central reluzente, e pelo corredor, ornado com rodaneios brancos e paredes pintadas de carmim, ele a provoca: "você é universitária, é inteligente e tal." Deen pergunta como ela quer ser chamada; ela não responde. "Bom", diz ele, "vou chamar você de Moça X até que você escolha um nome."

A jovem está inquieta, nervosa – "Eu nem consigo te encarar". Ela se afasta e se aproxima. Em seguida, senta-se numa banqueta branca junto a uma mesa cromada e brilhante. Os dois falam sobre um contrato; a cena vai sendo cortada aos poucos, não temos acesso aos detalhes. O foco retorna, e ela faz uma *selfie*. Quando está prestes a assinar, ela para e diz: "O que é que eu estou fazendo com a minha vida? Que porra eu estou fazendo com a minha vida? Ele diz que ela pode desistir a qualquer momento; que eles podem rasgar o contrato. Mais cortes; ela assina. "A gente pode escolher um nome artístico depois", sugere ele, "a não ser que você queira ser simplesmente a Moça X." Com a voz arrastada e relutante, ela responde: "Eu não sei, não faço ideia, nunca fiz isso antes."

O nervosismo da Moça X acaba lisonjeando Deen – é um sinal do deslumbramento dela ao se encontrar com essa grande e implausível estrela. Porém, serve também para antecipar quaisquer repercussões que ela possa temer; para minimizar o que Deen e outras pessoas possam considerar exibicionismo ou um pedido, talvez, para entrar numa fria. Ela está se preparando para se expor.

A Moça X age de maneira direcionada ao olhar faminto dos outros, algo que ela imagina capaz de excitar e satisfazer o espectador – incluindo, talvez, a espectadora dentro dela mesma, a que quer ver a si mesma fazendo sexo com Deen. Contudo, ao perguntar "O que é que eu estou fazendo com a minha vida? Que porra eu estou fazendo com a minha vida?", sinto que ela imagina, também, o olhar de outro tipo de espectador: um mais severo, mais crítico. Ambos os espectadores – o que a encoraja e o que a admoesta – estão, muito provavelmente, internalizados pela Moça X, bem como por muitas mulheres: o espectador que estamos dispostas a satisfazer e aquele cujas reprovação e represália tememos provocar. A Moça X está lidando com os espectadores em sua cabeça e com o poder do espetáculo em si.

Ela é a hedonista impulsiva em busca de prazer; mas também é deslocada, tímida e inibida. Oscila entre ser despudorada e, ao mesmo tempo, está bastante consciente do desequilíbrio de poder entre os dois. Para ela, os riscos são grandes e tornam a decisão de perseguir os próprios desejos muito difícil de ser levada a cabo. Essas centelhas dissociativas, essas mudanças de direção e de registro, vêm exatamente do poder das ideias punitivas em torno da sexualidade das mulheres e da pessoalidade. A Moça X enfrenta perguntas que talvez muitas mulheres façam, que eu com certeza já me fiz, na primeira vez que dormem com um homem ou quando revelam seu desejo. Estarei em perigo? Ao revelar o que sinto, eu renuncio à privacidade e à dignidade? Serei perseguida, assombrada por minhas próprias ações? Serei capaz de resistir às vontades indesejadas de outras pessoas? Dizer sim exclui minha capacidade de dizer não?

Quando a Moça X expressa sua ambivalência ao declarar "Quero fazer sexo com você, mas não quero que você mostre a todo mundo", Deen é receptivo: "você não quer ser chamada de puta", diz ele. Ela continua: "Tipo", imitando uma voz masculina, "eu vi você trepando com ele, por que não trepa comigo?" Esse pensamento não é de todo paranoico. Em 2018, um dos acusados no *rugby rape trial*,[2] na Irlanda do Norte, ao entrar no quarto onde dois homens estavam praticando atos sexuais com a jovem, e depois de ela dizer não a ele, teria respondido: "Você trepou com os outros, por que não trepa comigo?"[3] O desejo (presumido) de uma mulher, ainda que manifestado apenas uma vez e direcionado a um único homem, a torna vulnerável. O desejo a desqualifica para a proteção e para a justiça. Uma vez

---

2. O termo *rugby rape trial*, entre aspas no original, é comumente usado para se referir ao julgamento, realizados na Irlanda do Norte, em 2018, de dois jogadores de rugby e dois outros amigos, acusados de estuprar uma estudante de 19 anos, em 2016. (N.T.)

3. Conor Gallagher, "Belfast Rape Trial Told Messages Were 'Nothing but a Titillating Sideshow'", *Irish Times*, 21 de março de 2018, irishtimes.com.

que se presume que uma mulher tenha dito sim para alguma coisa, ela não pode dizer não para mais nada.

No filme de Deen, há muitos momentos de risadas, de alegria e de prazer; o vídeo tem lá seus encantos. Tem humor, graça e provocações. A Moça X e Deen parecem gostar um do outro de verdade; existe química entre os dois. E ela desdenha dele; superado o deslumbre, ela é sarcástica, incisiva. Porém, há algum constrangimento, também, além de gestos desconcertados; há ambivalência da parte dela e incerteza da parte dele quanto a ir em frente ou se conter.

Por fim, eles superam os obstáculos. Cruzam o umbral e transam. Eles fazem algum barulho, mas também há sequências silenciosas, além de pausas na ação; às vezes, ela suspira; os dois riem; batem papo. Até onde é minimamente possível saber, a partir de um ponto de vista externo (sabemos que não é), a situação parece agradável, divertida, alegre. Os dois ficam sentados em silêncio durante um tempo, sorrindo, e então decidem fumar um cigarro na sacada. "Você quer que eu desligue a câmera?", pergunta ele. "Sim", responde ela. "Beleza", diz ele. Ela começa a se vestir. "Desligamos a câmera", prossegue ele. "Desligamos a câmera", repete ela. O ator se dirige à câmera, a nós, os espectadores. "A câmera", diz ele, "será desligada."

Provavelmente, nunca saberemos o que aconteceu depois; o que aconteceu nos intervalos entre as partes gravadas; o que foi cortado, que conversas não ouvimos, que sexo não vimos. É provável que, nunca saibamos o que a Moça X achou das alegações contra Deen, ou se algum acontecimento naquele dia a deixou desconfortável, lhe causou sofrimento ou raiva. Não conheço a história da Moça X. No entanto, no filme, percebo a experiência dolorida – e familiar – de ser atraída em direções distintas; de precisar equilibrar desejo e risco; de ter que prestar atenção a tanta coisa na busca pelo prazer. As mulheres sabem que o desejo sexual é capaz de privá-las de proteção e que pode ser usado como prova de que a violência não foi, na verdade, violência (com o argumento "ela quis"). A Moça X nos mostra, assim, que não é só a expressão do desejo, mas sua mera existência, que é ativada ou reprimida pelas condições em que ele se manifesta. Como podemos saber o que queremos, se isso é algo exigido de nós, mas é também uma fonte de punição? Não nos surpreende o fato de a Moça X ter sentimentos confusos, de se sentir paralisada diante da incerteza. James Deen não entende nada do peso melancólico do sexo para a Moça X – ele não precisa entender. A Moça X, entretanto, cresceu com exigências inviáveis. Ela está diante do dilema que envolve as mulheres: dizer não pode ser difícil, mas dizer sim também é.

Em 2017, as alegações contra Harvey Weinstein romperam a barragem. Na sequência, a *hashtag* #MeToo – um slogan criado por Tarana Burke, em 2006, com o intuito de chamar a atenção para casos de violência sexual contra jovens mulheres não brancas – se espalhou nas mídias sociais, incentivando mulheres a contar suas histórias de abuso sexual. Nos meses seguintes, sucedeu-se uma ampla cobertura midiática, tratando, em grande parte, de casos de abuso de poder no ambiente de trabalho. E, nesse contexto, falar abertamente das experiências individuais foi visto como um benefício evidente e necessário.

Gostei da cobertura, mas também tive medo dela. Eu me vi obrigada, de vez em quando, a correr para desligar o noticiário e interromper o incansável desfile de relatos sombrios. No auge do #MeToo, às vezes, parecia que nós mulheres éramos convocadas a contar nossas histórias. O acúmulo de histórias on-line – no Facebook, no Twitter –, bem como aquelas contadas pessoalmente, criou uma sensação de pressão, de expectativa. "Quando você vai contar a sua?" Foi difícil não perceber o apetite coletivo por esses depoimentos, um apetite expresso na linguagem da preocupação e da revolta, uma linguagem que combina muito bem com a crença de que falar a verdade é um valor fundacional, axiomático para o feminismo.[4] #MeToo não apenas atribuiu valor ao discurso das mulheres, mas também correu o risco de convertê-lo numa obrigação, numa exibição mandatória dos poderes feministas de autorrealização pessoal, de determinação ao recusar a vergonha e de força ao reagir à indignidade. Além de satisfazer uma fome

---
4. Tanya Serisier, *Speaking Out: Feminism, Rape and Narrative Politics*, Palgrave, 2018.

lasciva por histórias de abuso e de humilhação de mulheres – mesmo que o tenha feito de forma seletiva.

Quando pedimos às mulheres que falem, e por que pedimos? A quem serve essa fala? Quem é chamada a falar, para início de conversa – e quais as vozes que são ouvidas? Ainda que qualquer alegação de violência sexual vinda de uma mulher tenda a se deparar com uma resistência poderosa, os relatos de mulheres ricas e brancas foram privilegiados durante o #MeToo, em detrimento, por exemplo, dos relatos de jovens negras cujas famílias tinham lutado por justiça durante décadas, nos casos envolvendo o músico e abusador sexual R. Kelly. Estudos mostram que quando mulheres negras denunciam crimes de violência sexual, as chances de acreditarem nelas são menores do que quando a denúncia é feita por uma mulher branca[5] (além disso, apontam que meninas negras são consideradas mais adultas e sexualmente conscientes do que as brancas) e que as condenações por estupro relacionadas a vítimas brancas levam a decisões mais severas do que em casos relacionados a mulheres negras.[6] Nem toda fala é igual.

E, ainda assim, não é só em retrospecto que as mulheres são encorajadas a falar – é, também, prospectivamente, de olho no futuro, de modo protetivo: um discurso claro é um ingrediente necessário para prevenir males futuros, não só para tratar dos que já se passaram. Nos últimos anos, surgiram dois requisitos para o bom sexo: consentimento e autoconhecimento. No domínio do sexo, pelo menos naquele em que o consentimento reina de modo supremo, as mulheres devem falar com clareza – e devem falar com clareza o que querem. Portanto, devem, também, saber o que querem.

No que eu chamo de cultura do consentimento – a retórica amplamente difundida de que o consentimento é *o locus* para transformar os males de nossa cultura sexual –, o discurso das mulheres em torno do desejo é a um só tempo exigido e idealizado, promovido como um marcador de política

—

5. Rebecca Epstein, Jamilia L. Blake e Thalia González, *Girlhood Interrupted: The Erasure of Black Girls' Childhood*, The Centre on Poverty and Inequality, Georgetown Law. Disponível em: https://www.law.georgetown.edu/poverty-inequality-center/wp-content/uploads/sites/14/2017/08/girlhood-interrupted.pdf. Acesso em janeiro de 2023.

6. Gary D. LaFree, "The Effect of Sexual Stratification by Race on Official Reactions to Rape", *American Sociological Review*, 45, p. 842-54, 1980.

progressista. "Saiba o que você quer e descubra o que seu parceiro quer", incitava um artigo do *New York Times*, em julho de 2018,[7] prometendo que "o bom sexo acontece quando esses dois propósitos se encontram". "Converse", exortava uma educadora sexual em "A nova era do consentimento",[8] na Rádio BBC 4, em setembro do mesmo ano – referindo-se à conversa direta e honesta sobre sexo: diga se você quer e, caso queira, o que exatamente quer. Converse *antes* de entrar no quarto, diziam; converse no bar, no táxi a caminho de casa – qualquer constrangimento vai ser compensado depois. "Consentimento entusiástico", escreveu Gigi Engle na *Teen Vogue*, "se faz necessário para que ambas as partes apreciem a experiência"[9] – um ponto de vista recorrente, ao qual o acadêmico Joseph J. Fischel se referiu nos seguintes termos: "consentimento entusiástico, a partir do qual podemos discernir o desejo, não é apenas o padrão para o prazer sexual, mas quase seu garantidor."[10] Nessa visão, o discurso das mulheres carrega um fardo pesado: o de garantir o prazer; de melhorar as relações sexuais e de resolver o problema da violência. O consentimento, como diz Fischel em *Screw Consent* [Dane-se o consentimento], confere uma "magia moral ao sexo".

Essa retórica não é de todo nova; o ativismo feminista tem ressaltado com vigor o consentimento, em especial desde os anos 1990, provocando muita interpretação precipitada ao longo do processo (mais a respeito disso em breve). Rachel Kramer Bussel escreveu, em 2008, que "como mulheres, é nossa obrigação, diante de nós mesmas e de nossos parceiros, sermos mais francas quando pedimos o que queremos fazer na cama. Devemos, também, compartilhar aquilo que não queremos. Nenhum dos parceiros pode se dar ao luxo de ser passivo e apenas esperar para ver até onde a

—

7. Lisa Damour, "Getting 'Consent' for Sex Is Too Low a Bar", *New York Times*, 18 de julho de 2018, nytimes.com

8. BBC Radio 4, "The New Age of Consent", setembro de 2018. Disponível em: https://www.bbc.co.uk/programmes/b0bj79fq. Acesso em janeiro de 2023.

9. Gigi Engle, "Anal Sex: Safety, How Tos, Tips, and More", *Teen Vogue*, 12 de novembro de 2019. Disponível em: https://www.teenvogue.com/story/anal-sex-what-you-need-to-know. Acesso em janeiro de 2023.

10. Joseph J. Fischel, *Screw Consent: A Better Politics of Sexual Justice*, University of California Press, p. 2, 2019.

outra pessoa irá."[11] Que devemos dizer o que queremos e de fato saber o que queremos se tornou um truísmo com o qual é difícil discordar, caso se leve a sério a autonomia e o prazer feminino no sexo. E esse ordenamento de que as mulheres devem conhecer seu desejo e expressá-lo é visto como libertador em essência, uma vez que enfatiza a capacidade das mulheres de sentir – e seu direito ao – prazer sexual.

O pensamento progressista há muito vem escalando a sexualidade e o prazer como substitutos da emancipação e da liberação. Era exatamente isso que o filósofo Michel Foucault criticava em 1976, em *História da Sexualidade – A vontade de saber*, quando escreveu "amanhã o sexo será bom novamente".[12,13] Ele estava parafraseando, com sarcasmo, a postura dos liberais sexuais da contracultura dos anos 1960 e 1970; os marxistas, os revolucionários, os freudianos – todos aqueles que acreditavam que, a fim de se libertar das garras moralizantes do passado, de um passado vitoriano repressor, devíamos enfim falar a verdade sobre a sexualidade. Foucault, por sua vez, desconfiava do "ardor em conjurar o presente e aclamar um futuro" e argumentava que os antiquados vitorianos eram, na verdade, bastante verborrágicos quando se tratava de sexo, ainda que essa verborragia se manifestasse na denominação de patologias, de anormalidades e de aberrações. Foucault não apenas reavaliou a clássica visão dos vitorianos como pudicos, reprimidos e comprometidos com o silêncio; ele se opôs, também, a certos truísmos, como a afirmação de que falar de sexo leva à liberação e de que silêncio é sinônimo de repressão. "Não acreditar que", escreveu ele, "dizendo-se sim ao sexo se está dizendo não ao poder."

—

11. Rachel Kramer Bussel, "Beyond Yes or No: Consent as Sexual Process", in: *Yes Means Yes! Visions of Female Power and a World Without Rape*, Jaclyn Friedman e Jessica Valenti (org.), Seal Press, p. 46, 2008.

12. Michel Foucault, *The Will To Knowledge: The History of Sexuality, Volume One*, p.7, citações que se seguem: p. 6 e p. 153. [Ed. bras.: História da sexualidade vol. 1 – A vontade de saber, tradução de Maria Thereza da Costa Albuquerque e J. A. Guilhon Albuquerque. Rio de Janeiro: Paz e Terra, 2020.] (N.T.)

13. No original de Katherine Angel a autora usa a frase do Foucault na tradução para a língua inglesa: "tomorrow sex will be good again"[amanhã o sexo será bom novamente]. Para esta edição, optou-se por seguir essa versão no título; para as demais citações de Foucault, veja N.T. nº 12". (N.E.)

O sexo foi e ainda é proibido e regulado de inúmeras formas, e a sexualidade das mulheres em particular costuma ser muitíssimo controlada e policiada. Porém, vale a pena se debruçar sobre o argumento de Foucault. Estamos, mais uma vez, diante de um momento com um amanhã – um amanhã logo ali no horizonte, perto o suficiente para ser tocado – no qual o sexo vai ser bom novamente; um momento no qual conjuramos o presente e apelamos ao futuro, armadas com as ferramentas necessárias para desfazer a repressão do passado – as ferramentas do consentimento e, como veremos, da pesquisa sexual. Contudo, falar e dizer a verdade não são práticas emancipatórias em essência, e nem falar ou se calar é por si só libertador ou opressor. Além disso, a repressão pode se dar por meio dos mecanismos da fala, através do que Foucault chamou de "incitação ao discurso". O consentimento e sua presunção de clareza absoluta colocam o fardo da boa interação sexual no comportamento das mulheres – no que elas querem e no que elas são capazes de saber e de dizer acerca de suas vontades; na habilidade de incorporar uma persona sexualmente confiante a fim de garantir que o sexo não seja coercivo, mas sim mutuamente prazeroso. Deus proteja aquela que não se conhece e não verbaliza esse conhecimento. Isso, como veremos, é bem perigoso.

Em uma entrevista, um dos alvos da campanha de intimidação sexual de Weinstein falou do medo de "cutucar a onça",[14] medo, ao se deparar com suas exigências, de fazer qualquer coisa capaz de atiçar nele a raiva, a violência ou o desejo de retaliação. No julgamento de Weinstein, em janeiro de 2020, em Nova York, uma testemunha disse ao tribunal que "ouvir a palavra 'não' era como um gatilho para ele".[15] As mulheres são ensinadas – notavelmente, pelos

---

[14] Julia Turner, "I Feel So Close To You All": Harvey Weinstein's Accusers in Conversation for the First Time", *Slate*, 21 de novembro de 2017, slate.com.

[15] Tom Hays, Michael R. Sisak e Jennifer Peltz, "'If he heard the word 'no', it was like a trigger for him', says Harvey Weinstein's rape accuser", *CBC News*, 31 de janeiro de 2020, cbc.ca.

próprios homens abusivos – a se preocupar em excesso com os sentimentos dos homens; são socializadas de modo a se sentir responsáveis pelo bem-estar deles e, portanto, também pela raiva e pela violência. Aprendem também que, caso eles "deem sinais", elas sejam capazes de percebê-los; que, caso digam não após demonstrar interesse, serão as únicas culpadas pelas consequências. Um ego masculino ferido é mais propenso a atacar, e, uma vez que boa parte da comunicação social é indireta, em especial quando o medo entra em cena, as mulheres podem dizer não com cautela, com escrúpulo e discrição, permitindo que o homem não se sinta humilhado e evitando confrontá-lo.

No entanto, um não cuidadoso pode deixar de ser interpretado como um não, e essas mesmas cautela e delicadeza podem voltar a assombrar uma mulher nos tribunais, no âmbito das alegações e do escrutínio do comportamento. Seu não foi alto o suficiente? Você empurrou a onça?

Dizer não, portanto, é difícil. Assim como dizer sim; assim como expressar o desejo. Para início de conversa, a expressão declarada do desejo não garante prazer à mulher, apesar do tom exagerado e entusiasta de boa parte do discurso em torno do consentimento. Na série *I may destroy you* [Eu posso te destruir], de Michaela Coel,[16] a escritora Arabella e uma amiga, a atriz Terry, estão na Itália, hospedadas em um apartamento requintado, onde Arabella tenta concluir um manuscrito. Elas saem para dançar e Terry acaba indo embora mais cedo, fazendo uma parada em um bar, a caminho de casa; lá, um homem dá em cima dela. Em uma cena anterior, ele é visto com um amigo, de olho em Terry – mas, quando ele se aproxima da mulher, está sozinho. Os dois dançam, e a tensão sexual se instala; alguma coisa parece prestes a acontecer. Então, o segundo homem se aproxima; eles não revelam que se conhecem. Do ponto de vista de Terry, o *ménage à trois* que se insinua parece orgânico, fortuito. Depois de fazerem sexo – ou melhor, depois que os homens gozam –, os dois, sem qualquer cerimônia, vestem-se com pressa e vão embora, deixando Terry na mão. Eles obtiveram o prazer, atingiram o orgasmo; e quanto ao dela? Ela quis fazer sexo, o que não a impede de se sentir usada e desapontada. Frustrada, ela os observa descerem a rua juntos, em cúmplice camaradagem; a amizade e a dissimulação dos dois lhe parecem claras, afinal. Terry tem a

---

16. No Brasil a série foi exibida com o título original (N.E.)

incômoda sensação de, em meio à sua própria curiosidade sexual, ter sido manipulada por eles em uma farsa ambígua, sutil. Consentir, dizer sim e expressar o desejo são garantia de prazer? Impedem a instrumentalização das mulheres por parte dos homens? É claro que não. O prazer e o direito a ele não são distribuídos de modo equânime.

Dizer sim, bem como nomear o desejo, é difícil também por causa do escrutínio sexista ao qual mulheres são implacavelmente submetidas. Muitos julgamentos de estupro e de agressão sexual questionam não se o ato aconteceu, mas se a vítima consentiu a atividade sexual. Dessa forma, o consentimento se mistura à diversão, ao prazer e ao desejo. A vítima ideal, nas palavras de um eminente advogado britânico, "é, de preferência, sexualmente inexperiente ou, pelo menos, respeitável".[17] Evidências de que uma mulher já utilizou aplicativos de relacionamento como Tinder para encontrar parceiros sexuais podem se voltar contra ela no tribunal, mesmo se for irrelevante para as alegações diante da corte, e a predisposição de uma mulher para o sexo casual com estranhos costuma custar caro em um julgamento. Se o caso levado ao tribunal for o resultado de "um contato feito por meio de um site de relacionamentos, a chance de condenação do acusado é remota".[18] Em outras palavras, você não pode ser estuprada por alguém que conheceu no Tinder – alguém que os outros acham que você conheceu motivada pelo claro desejo de fazer sexo.

O apetite sexual de uma mulher costuma ser a própria saída usada para eximir a violência masculina. Caso contrário, por que, por exemplo, uma advogada exibiria no tribunal a calcinha de uma pleiteante em um caso de estupro, como aconteceu em um julgamento na Irlanda, em 2018? A advogada argumentou: "É preciso olhar para a forma como ela estava vestida. Ela estava usando uma calcinha fio-dental com frente de renda."[19] A calcinha da pleiteante, ao que parece, substitui o desejo sexual. E, de novo, se uma mulher diz sim para alguma coisa, ela não pode dizer não para mais nada.

---

17. Helena Kennedy, *Eve Was Shamed: How British Justice is Failing Women*, Chatto & Windus. pp. 122-3, 2019.

18. Helena Kennedy, op. cit., p. 138.

19. Marie O'Halloran, "TD Holds Up Thong in Dáil in Protest at Cork Rape Trial Comments", *Irish Times*, 13 de novembro de 2018, irishtime.com

Da mesma forma, o desejo feminino foi crucial no novo julgamento do jogador de futebol galês Ched Evans, em 2016. Evans havia sido condenado e preso pelo estupro de uma jovem de 19 anos de idade. Um novo julgamento examinou evidências que o tribunal de apelação considerou relevantes: evidências relativas ao histórico sexual da mulher, fornecidas por dois outros homens. Eles argumentaram que ela gostava de sexo "fora do comum", que teria feito sexo de quatro com penetração vaginal por trás e que teria dito "Me fode mais forte".[20] Indícios de diversão pesam contra uma mulher – indícios de diversão e de "excentricidades" que, a propósito, revistas femininas e manuais de conselho sexual vêm encorajando mulheres a experimentar, em nome da liberação sexual, há décadas.[21] Isso, sim, é uma mensagem confusa!

Alguns anos atrás, quando escrevi, em primeira pessoa, um livro sobre sexualidade[22] – sobre alegrias e dores, sobre luz e escuridão –, me perguntaram várias vezes como eu decidira dar o passo tão arriscado de me expor e escrever sobre minha própria vida sexual e me disseram muitas vezes o quanto eu era destemida. Aqueles que gostavam do livro diziam que eu era corajosa, falando isso em tom elogioso, de admiração; e aqueles que não gostavam diziam – ou escreviam – a mesma coisa, só que num tom bem mais horrorizado. O ponto em comum era, conforme percebi, uma incredulidade perplexa; a constatação de que é imprudente uma mulher falar sobre a própria sexualidade.

De minha parte, foi necessário um grande esforço para não me deixar afetar pelo entendimento que saltava aos olhos naquelas reações: o ato de escrever com franqueza sobre minha sexualidade poderia, pelo resto da vida, ser usado como evidência contra mim. Eu não podia me esquecer, embora me esforçasse bastante, de que, se, um dia, eu acusasse um homem

—

20. Sirin Kale, "How an Athlete Used His Alleged Victim's Sexual History in His Rape Acquittal", *Vice*, 17 de outubro de 2016. Ver também: Helena Kennedy, *Eve Was Shamed*, p. 139; e Clare McGlynn, "Rape Trials and Sexual History Evidence: Reforming the Law on Third-Party Evidence", *The Journal of Criminal Law*, 81(5), pp. 367-92, 2017.

21. Ver Meg-John Barker, Rosalind Gill e Laura Harvey, *Mediated Intimacy: Sex Advice in Media Culture* Cambridge: Polity, 2018.

22. Katherine Angel, *Unmastered: A Book on Desire, Most Difficult to Tell*, Penguin, 2012 / Farrar, Straus and Giroux, 2013.

de abuso, a análise que fiz de minha sexualidade no livro poderia me prejudicar – poderia deixá-lo escapar.

Quando percebi aquele calafrio, aquela onda de pavor atingindo os outros, presumi que se tratava da repulsa familiar diante de uma mulher que fala com franqueza sobre sexo – uma desaprovação sexista, o duplo padrão moral. Mas é possível que parte dessa repulsa sempre reflita aquilo que todos nós sabemos: que uma mulher que se expõe em um mundo que, ao mesmo tempo, deseja e pune esse impulso, torna-se vulnerável. A vulnerabilidade, por sua vez, provoca medo, o que facilmente se converte em desprezo ou admiração. O calafrio é o espasmo de reconhecimento e o alerta coletivo: cuidado.

A ênfase na expressão clara do desejo – em saber o que se quer, no consentimento dado com entusiasmo, no que Lola Olufemi chama de "carinha feliz de consentimento"[23] – mantém oculta outra questão importante: qual *sim* é significativo? A sexualidade de mulheres não brancas ainda é vista por meio de fantasias colonialistas e orientalistas de animalidade e exotismo. Estereótipos racistas de mulheres negras hipersexualizadas têm raízes profundas; Linnaeus,[24] ao classificar tipos humanos em 1753, definiu as africanas como mulheres "sem constrangimento",[25] e, no sul estadunidense anterior à guerra civil, o estupro de mulheres negras escravizadas não era considerado crime; estereótipos de mulheres negras lascivas as desqualificavam no âmbito da lei[26]. Essas ideias têm efeitos duradouros; estudos recentes sobre o comportamento de jurados nos Estados Unidos sugerem que as pessoas são mais propensas a acreditar na culpa do agressor de uma mulher branca do que na culpa do agressor de uma mulher

---

23. Lola Olufemi, *Feminism, Interrupted: Disrupting Power*, Pluto Press, p. 96, 2020.

24. Carl Nilsson Linnaeuss [Carlos Lineu] (1707-1778), botânico, zóologo e médico sueco. (N.E.)

25. Ver Tessa McWatt, *Shame On Me: An Anatomy of Race and Belonging*, Scribe, p. 21-2, 2019.

26. Ver Emily Alyssa Owens, "Fantasies of Consent: Black Women's Sexual Labor in 19th-Century New Orleans", PhD. Dissertation, Department of African and American Studies, Harvard, 2015. Ver também, Emily A. Owens, "Consent", *Differences: A Journal of Feminist Cultural Studies*, 30 (I), pp. 148-56, 2019.

negra[27]. A percepção da mulher negra como uma pessoa sempre disposta a dizer sim ao sexo a coloca em posições discriminatórias: um não é menos provável de ser ouvido como não, e um sim é pressuposto. Se o desejo dela é visto como a confirmação de algo já presumido, então suas próprias palavras acerca desse desejo são irrelevantes – o que significa, por sua vez, que o sexo nunca pode ser violento, que o estupro é impossível. Se um "não" não significa nada, como pode um "sim" significar alguma coisa? E de que maneira insistir na expressão enfática do desejo ajuda mulheres cujas declarações de sim ou de não foram esvaziadas?

Além disso, como é possível se opor a invocações racistas do desejo sexual das mulheres negras sem reprimir o que pode ser uma expressão crucial e radical desse desejo? Como é possível, pergunta adrienne maree brown, buscar justiça sem abdicar do prazer?[28] Joan Morgan argumenta que, dada a abundância de estereótipos desumanizadores, é crucial que as mulheres negras rechacem a indiferença aos seus engajamentos com o prazer.[29] Kehinde Andrews, em uma resenha da canção *Formation*, da Beyoncé, escreveu "eu quase deixei passar por completo a perspectiva política, tão intricada ela estava na sexualização 'bumbumlícia' das mulheres negras que passamos a esperar de Beyoncé".[30] Para Andrews, o corpo sexual necessariamente ofusca qualquer mensagem política. Levando-se em conta que os corpos das mulheres negras foram historicamente sexualizados, uma mulher negra deve evitar o uso ou a exibição de sua sexualidade no trabalho? Deve o corpo feminino – seus prazeres, poderes e dores – permanecer adormecido ou ausente diante de um passado e de um presente racistas?[31] É uma enrascada e tanto.

—

27. Ver Rebecca Epstein, Jamilia L. Blake e Thalia González, *Girlhood Interrupted: The Erasure of Black Girls' Childhood*, op. cit.

28. Ver adrienne maree brown, *Pleasure Activism: The Politics of Feeling Good*, AK Press, 2019.

29. Joan Morgan, "Why We Get Off: Towards a Black Feminism Politics of Pleasure", *The Black Scholar*, 45(4), pp. 36-46, 2015.

30. Kehinde Andrews, "Beyoncé's 'Bootylicious' Sexualisation of Black Women Isn't Inspiring – and Her Politics Leave a Lot To Be Desired", *Independent*, 11 de fevereiro de 2016, independent.co.uk.

31. Para discussões acerca da correlação entre antinegritude e pornografia, ver Jennifer C. Nash, *The Black Body in Ecstasy: Reading Race, Reading Pornography*. Carolina do Norte: Duke

Aonde esses fatos desagradáveis levam as mulheres, as mesmíssimas mulheres a quem sugerem, em tom incansável e entusiasmado, que conheçam e exprimam seus desejos sem constrangimento? De que adianta toda essa expressão de positividade e de autoconfiança – as imposições para que saibam e digam o que querem? (Afinal, você deve isso a si mesma!) Como observa a teórica feminista Sara Ahmed, às vezes "a repetição da boa intenção tem efeito opressor".[32] Opressor por negar algo crucial – os efeitos punitivos das próprias ações que as mulheres são chamadas a adotar em nome do empoderamento feminista. Seja como for, as mulheres estão numa enrascada.[33] Será que estamos olhando para o lado errado quando depositamos nossas esperanças emancipatórias na expressão clara de nosso desejo?

Um passeio por qualquer livraria na atualidade revela uma variedade de livros admiráveis e celebratórios, ressaltando a extraordinária resiliência das mulheres diante da injustiça. *The Book of Gutsy Women: Favorite Stories of Courage and Resilience* [O livro das mulheres de corajosas: histórias favori-

---

University Press, 2014. Nash critica a aliança histórica entre o feminismo negro e o feminismo antipornográfico. Em oposição ao trabalho de Audre Lorde, Patricia Hill Collins e Alice Walker, pesquisadoras como Nash, Ariana Cruz e Mireille Miller-Young criticam os impasses gerados pela ênfase no "dano" da pornografia em detrimento de seus prazeres e argumentam em favor de uma negociação mais autônoma por parte das mulheres negras no âmbito da pornografia. V. Ariane Cruz, *The Color of Kink: Black Women, BDSM and Pornography* Nova York: New York University Press, 2016 e Mireille Miller-Young, *A Taste for Brown Sugar: Black Women in Pornography,* Duke University Press, 2014.

32. Sarah Ahmed, "Embodying Diversity: Problems and Paradoxes for Black Feminists", *Race, Ethnicity and Education,* 12(1), pp. 41-52, p. 46, 2009.

33. A preocupação central deste livro é com sexo – e poder – entre homens e mulheres. Por lidar primordialmente com os efeitos dos desequilíbrios de poder e das rígidas normas de gênero sobre a forma como pensamos em sexo e em violência, contudo, parte do que digo será relevante tanto para mulheres cis como para mulheres trans. Os dilemas que afetam as experiências sexuais das pessoas trans em particular, bem como as daquelas em relacionamentos gay/*queer*, encontrarão, espero, alguma ressonância e reconhecimento na dinâmica que exploro aqui, mas não me cabe examinar a textura detalhada desses dilemas, e outras pessoas estão mais bem qualificadas do que eu para esse trabalho essencial.

tas de coragem e resiliência], de Hillary e Chelsea Clinton, reúne histórias de mulheres "com a coragem de se erguer contra o *status quo*, fazer perguntas difíceis e resolver as coisas". (Perceba aqui os ecos esquisitos da insistência teimosa, fálica, de Boris Johnson e de Donald Trump em resolver a questão do Brexit, em construir o muro.) O livro *She Speaks: The Power of Women's Voice* [Ela fala: o poder da voz das mulheres], da parlamentar britânica Yvette Cooper, celebra discursos de mulheres através dos tempos (incluindo Theresa May). *Outspoken: 50 Speeches by Incredible Women from Boudicca to Michelle Obama* [Falando francamente: 50 discursos de mulheres incríveis, de Boudicca a Michelle Obama], de Deborah Coughlin, traz alguns dos mesmos discursos. E a parlamentar Jess Phillips é a autora de *Truth to Power: 7 Ways to Call Time on BS* [A verdade no poder: 7 maneiras de acabar com a conversa fiada]. Suas credenciais feministas estão sobremaneira ligadas à postura de alguém que ousa falar a verdade; ela é a autora de *Everywoman: One Woman's Truth About Speaking the Truth* [Toda mulher: a verdade de uma mulher sobre falar a verdade]. Ser destemida, ao que parece, é um requisito para a subjetividade de qualquer feminista que se preze; que feminista é essa que não levanta a voz para falar de coragem?

Percebe-se nesse padrão de publicações feministas aquilo que Rosaling Gill e Shani Orgad chamam de "cultura da confiança"[34], uma cultura que parte da ideia de que não são o patriarcado, o capitalismo ou o sexismo institucional arraigado que reprimem as mulheres, mas a própria falta de confiança individual – uma falta definida como um problema inteiramente pessoal. A valorização da confiança sob uma perspectiva psicológica também atua em iniciativas como o recurso *Just Not Sorry* do Gmail, por exemplo, que encoraja mulheres a substituir expressões como "Lamento incomodar" ou "estive pensando em" por formulações diretas e assertivas. A cultura da confiança é evidente também no livro *Faça acontecer*, lançado em 2013, de Sheryl Sandberg, diretora de operações do Facebook, ou nas *TED talks* de Amy Cuddy (*Your Body Language May Shape Who You Are* [A postura corporal pode definir você]), aconselhando mulheres a assumir "posturas de poder". Essas posturas, supõe-se, diminuem os níveis de cor-

---

34. Rosalind Gill & Shani Orgad, "The Confidence Cult(ure)", *Australian Feminist Studies*, 30(86), pp. 324-44, 2015.

tisol e aumentam os de testosterona antes de reuniões intimidadoras, de entrevistas de emprego ou de pedidos de promoção, contextos nos quais as mulheres costumam ouvir que não são assertivas o suficiente.

Assim, encorajar o poder e a assertividade individuais das mulheres se torna sinônimo de feminismo. É a si mesma que uma mulher deve transformar e, ao fazê-lo, ela levanta a bandeira por todas as mulheres. A confiança é a chave do sucesso, e assim também se impulsionam a igualdade e a diversidade. É uma forma de autotrabalho que cada uma deve assumir a fim de vencer e de se respeitar por não ter sucumbido às adversidades empilhadas em seu caminho.

A maneira como a cultura da confiança trata as mulheres, como se fosse uma amiga animando a torcida, exortando positividade e autorrealização (é isso aí, garota!), talvez não seja ruim; e, às vezes, uma conversa encorajadora com o espelho do banheiro pode ser útil. Ainda assim, essa forma de se dirigir às mulheres trata de modo evasivo um problema muito expressivo: o fato de que elas costumam ser punidas e criticadas (são vadias, mandonas, raivosas) precisamente pelas posturas e pelos comportamentos confiantes e assertivos que lhes pedem para cultivar. Além disso, essas exortações de positividade mantêm a vulnerabilidade à margem, gerando ansiedade; pintam a insegurança ou a falta de confiança como algo feio, abjeto e vergonhoso – algo que uma mulher que se respeita não sentiria ou, pelo menos, não demonstraria. Existe nesses discursos uma insistência quase maníaca em torno da força; eles se esforçam bastante para pintar as mulheres com uma invulnerabilidade quase heroica. Sara Ahmed descreve esse "foco" na confiança como uma insinuação de que as meninas são "elas mesmas os obstáculos no meio do próprio caminho".[35] Como dizem Gill e Orgad, "se a confiança é o novo sexy", então "a insegurança é o novo feio".[36] Para que serve essa hierarquia de emoções?

A retórica do consentimento deve muito à cultura da confiança; nessa retórica, é comum a utilização da linguagem do encorajamento e do empo-

---

35. Sara Ahmed, "Losing Confidence", 1º de março de 2016, Feminist Killjoys blog, feministkilljoys.com.

36. Rosalind Gill & Shani Orgad, "The Confidence Cult(ure)", *Australian Feminist Studies*, 30(86), pp. 324-44, p. 339, 2015.

deramento. Muitas formulações jurídicas em torno do consentimento afirmativo e muitas de suas invocações no dia a dia, de fato, reconhecem que ele deve ser contínuo – que nossos sentimentos podem mudar e que podemos mudar de ideia. Porém, a tônica de boa parte dessa cultura – o conselho bem-intencionado, as palavras de ordem e as admoestações – desconfia da hesitação; ela privilegia tanto o autoconhecimento robusto acerca do desejo como a capacidade de verbalizá-lo. Ao encorajar as mulheres a serem claras e confiantes na expressão do desejo sexual ("devemos isso a nós mesmas!"), a cultura do consentimento – assim como o feminismo da confiança – corre o risco de negar, com a melhor das intenções, o fato de que as mulheres são punidas pelas mesmas posturas sexualmente assertivas que são encorajadas a adotar. Além disso, a retórica do consentimento não deixa espaço para a ambivalência e é capaz de tornar inadmissíveis – perigosas até – não apenas a dificuldade de expressar o desejo, mas, antes de tudo, a experiência de não saber o que se quer.

O consentimento afirmativo surgiu nos contextos jurídico e popular nos anos 1990, quando, em especial nos Estados Unidos, a ênfase na força e na resistência começou a perder espaço na legislação que trata do estupro. Sem uma noção afirmativa de consentimento, a ausência do "não" podia ser vista como uma indicação desse consentimento; o consentimento era presumido, a não ser que fosse removido – e o ônus de removê-lo e de provar a recusa no tribunal tendia a recair sobre a mulher. Se ela não dissesse "não" de modo claro, ou se não reagisse – a despeito do frequente efeito paralisante causado pelo medo –, tinha pouco do que reclamar; não havia, afinal de contas, negado.

A ideia de que as mulheres relutam em fazer sexo e precisam ser convencidas a tal tem um papel nessa ênfase dada ao não. Quando Bill Cosby admitiu que dava pílulas Quaaludes[37] a mulheres com quem queria fazer sexo,[38] como quando um homem compra uma bebida para alguém, uma

---

37. Metaqualona é um fármaco que atua como sedativo e hipnótico. Foi vendido sob os nomes Quaaludes e Sopor. (N.T.)

38. Holly Yan, Elliott C. McLaughlin, Dana Ford, "Bill Cosby Admitted to Getting Quaaludes to Give to Women", CNN.com, 8 de julho de 2015, edition.cnn.com.

das reações foi protestar quanto ao uso da expressão "fazer sexo" em vez de "estuprar". Acontece que, para homens como Cosby, o sexo é uma atividade com a qual as mulheres não se envolvem por vontade própria; algo a que devem ser persuadidas ou coagidas, algo que os homens fazem às mulheres. A relutância delas – a modéstia, talvez o constrangimento – precisa ser superada, e álcool, pílulas e persuasão são meios para esse fim.

Antes de o consentimento afirmativo decolar, as campanhas de prevenção ao estupro tinham sido dominadas pelo slogan "não é não", enfatizando o respeito pelas recusas ao sexo. Como Mithu Sanyal sugere em seu livro *Rape* [Estupro],[39] quando o movimento das mulheres criou esse slogan nos anos 1970, estava reagindo à longa tradição de considerar um "não" como um pedido disfarçado de persuasão eroticamente carregado. As feministas queriam fazer com que os homens e, de um modo geral, a cultura, levassem a sério um "não" e o interpretassem ao pé da letra. "Não é não" foi, com certeza, um slogan crucial e encorajador, voltado a um problema muito real. Mas reduziu o papel das mulheres no sexo, sobretudo, ao âmbito da recusa.

O consentimento afirmativo trouxe uma mudança importante na ênfase. A partir dele, o feminismo e a cultura popular começaram a salientar o *acordo* antes do sexo e a importância do "sim". O consentimento afirmativo requer a indicação de um acordo verbal ou não verbal, sem coerção, para que a atividade sexual não seja criminosa. Dessa forma, ele reconhece a necessidade de algum tipo de reciprocidade e de uma participação igualitária entre os parceiros sexuais, além de reconhecer a necessidade do respeito pelo processo de decisão de outra pessoa em relação ao sexo. Friedman e Jessica Valenti, no livro *Yes Means Yes! Visions of Female Sexual Power and a World Without Rape* [Sim é sim! Visões do poder sexual feminino e um mundo sem estupro], de 2008, escreveram que queriam analisar "como tornar o mundo mais seguro para que nós mulheres digamos não *e* sim do jeito que quisermos".[40] O trabalho delas encampou a expansão da conversa, indo do simples direito a recusar sexo ao direito de desejar sexo,

---

39. Mithu Sanyal, *Rape: From Lucretia to #MeToo*, Verso, p. 22, 2019.

40. Jaclyn Friedman & Jessica Valenti, *Yes Means Yes! Visions of Female Sexual Power And A World Without Rape*, Seal Press, p. 6, 2008.

de dizer sim para o sexo e, na verdade, de pedir sexo – muitas vezes, com entusiasmo.

O consentimento afirmativo tem sido extraordinariamente controverso. No final dos anos 1980 e início dos 1990, enquanto ativistas tentavam mudar a opinião pública, boa parte dos holofotes da mídia se voltou para casos de "date rape" [estupro praticado no contexto de um encontro] ou de "estupro praticado por alguém conhecido". Em 1993, as Diretrizes para Prevenção de Ofensa Sexual de uma pequena faculdade de artes estadunidense, a Antioch College,[41] causaram furor. Escritas por alunas consternadas pela descoberta de casos de estupro em um campus que se vangloriava da inclusão progressista, as diretrizes afirmavam que consentimento significa pedir verbalmente e, também verbalmente, dar ou negar consentimento em todos os níveis do comportamento sexual. O consentimento precisava ser contínuo e se fazia necessário a despeito da natureza do relacionamento entre os parceiros, de histórico sexual prévio ou de atividade sexual na atualidade. Além disso, não poderia ser concedido por alguém sob efeito de substâncias tóxicas.

As diretrizes foram ridicularizadas com crueldade, com um esquete infame no programa *Saturday Night Live* que, com alegria, fez pouco caso do conceito de "date rape" e parodiou a visão de uma relação sexual apática, burocrática, com atores perguntando "Será que posso elevar o nível da intimidade sexual apalpando seu bumbum?" O jornal *New York Times*, ainda que solidário aos objetivos das diretrizes, repreendeu a visão da Antioch

—

41. Ver o *site* da Antioch: antiochcolleg.edu/campus-life/sexual-offense-prevention-policy-title-ix, e Samantha Stark, "I Kept Thinking of Antioch: Long before #MeToo, a Times Video Journalist Remembered a Form She Signed in 2004", *New York Times*, 8 de abril de 2018, nytimes.com; Bethany Saltman, "We Started the Crusade for Affirmative Consent Way Back in the 90s", *The Cut*, 22 de outubro de 2014, thecut.com. Para outras (e variadas, divergentes) visões em torno do consentimento afirmativo, ver Joseph J. Fischel, *Screw Consent: A Better Politics of Sexual Justice* (University of California Press, 2019); Peggy Orenstein, *Girls and Sex: Navigating the Complicated New Landscape*, Oneworld, 2016; Janet Halley, *Split Decisions: How and Why To Take a Break From Feminism*, Princeton University Press, 2016; Jennifer C. Nash, "Pedagogies of Desire", *differences: A Journal of Feminist Cultural Studies* 2019, 30(1), pp. 197-217; Janet Halley, "The Move to Affirmative Consent", *Signs* 2016, 42(1), pp. 257-79, Vanessa Grigoriadis, *Blurred Lines: Rethinking Sex, Power, and Consent on Campus* (Mariner Books, 2018); Emily A. Owens, "Consent", *differences* 2019, 30(1), pp. 148-56, p. 154.

College, acusando a faculdade de "legislar sobre beijos".[42] Em resposta, a diretora do programa de prevenção à ofensa sexual da Antioch escreveu: "Não estamos tentando reduzir o romance, a paixão ou a espontaneidade do sexo; estamos tentando reduzir a espontaneidade do estupro."[43]

Os debates foram além do consentimento. No mesmo ano, o livro *The Morning After: Sex, Fear and Feminism* [A manhã seguinte: sexo, medo e feminismo], de Katie Roiphe, foi publicado com cobertura significativa e muito polêmicas. O foco de Roiphe era, em grande medida, voltado para as campanhas contra o estupro nas universidades da Ivy League[44] – ela havia sido aluna de Harvard e, mais tarde, pós-graduanda em Princeton. Roiphe argumentava que as campanhas projetavam uma imagem retrógrada das mulheres que feministas anteriores já haviam conseguido desbancar: a imagem das mulheres como seres vulneráveis, assustadas e cheias de receio. Roiphe denunciou o que ela via como alarmismo acerca de homens predatórios e regras sediciosas em torno da etiqueta sexual correta – alertas de perigo para alunas novatas que as encorajam a "estabelecer os limites com clareza" e a "pensar bem antes de visitar o quarto ou o alojamento de um amigo".[45] "Agora, em vez de liberação e libido, a ênfase está em traumas e doenças", escreveu ela. As marchas do movimento *Take Back the Night*,[46] que, com frequência, incluíam mulheres falando abertamente sobre experiências de violência sexual, pretendiam celebrar e apoiar a força feminina. No entanto, argumentava Roiphe, pareciam, em vez disso, celebrar a vulnerabilidade. Participantes das marchas davam a impressão de "aceitar, de inclusive assumir, o status de vítima".

---

42. "Ask First at Antioch", *New York Times*, 11 de outubro de 1993, nytimes.com.

43. Karen Hall, "To the Editor: Antioch's Policy on Sex is Humanizing", *New York Times*, 20 de outubro de 1993, nytimes.com.

44. O termo *Ivy League* se refere a um grupo de universidades privadas situadas no nordeste dos Estados Unidos, com forte prestígio social e acadêmico. (N.T.)

45. Katie Roiphe, *The Morning After: Sex, Fear, and Feminism* Little Brown, 1993; as citações a que Roiphe se refere são, respectivamente, um panfleto da American College Health Association e o *Avoiding Rape on and off Campus*, de Carol Pritchard, State College Publishing Company, 1985; Roiphe, p. 63-4. As citações subsequentes de Roiphe estão nas páginas 12 e 44.

46. Movimento iniciado nos anos 1970, nos Estados Unidos, com marchas em vários estados, denunciando a recorrência de casos de violência sexual contra mulheres. (N.T.)

O ponto de vista de Roiphe se revelou controverso; *The Morning After* se tornou o para-raios da revitalização das guerras sexuais sobre pornografia que haviam sido travadas entre as feministas dos anos 1980. Em linhas gerais, os embates transitavam entre, de um lado, a ideia de que as mulheres precisam de uma proteção alerta diante da violência masculina e, de outro, a ideia de que o feminismo deveria enfatizar os próprios desejos e arbítrios das mulheres (talvez perversos na mesma medida). Até os dias de hoje, o nome de Roiphe gera desconforto entre círculos feministas.

Mais recentemente, em 2011, esses debates voltaram à tona outra vez por causa da carta "Caro Colega",[47] do presidente Obama, ressaltando a obrigação de universidades e faculdades beneficiadas por recursos públicos se adequarem ao "Título IX" da legislação antidiscriminação.[48] Assédio e violência sexual se enquadram no conceito de discriminação sexual, relembrou a carta direcionada às faculdades, na qualidade de fenômenos que comprometem as chances de as mulheres terem acesso a um ambiente educacional livre de discriminação. Uma nova burocracia do sexo, como alguns críticos têm se referido à medida,[49] surgiu nas universidades estadunidenses, com vários estados do país promulgando leis exigindo que universidades públicas adotassem padrões de consentimento afirmativo: um parceiro sexual deve obter concordância consciente e voluntária. O ato sexual tem relação com o "sim", não apenas com o "não"; trata-se de acordo, não só de ausência ou de recusa.

A crítica Laura Kipnis retomou a discussão de Katie Roiphe. No livro *Unwanted Advances* [Avanços indesejados], publicado em 2017, Kipnis argumentou que as diretrizes de consentimento afirmativo e as investigações baseadas no Título IX geraram uma cultura de desamparo e vitimização nos campus universitários dos Estados Unidos. As mudanças na cultura sexual estariam "trazendo de volta, pela porta dos fundos, as versões mais

---

47. Russlyn Ali, "Dear Colleague Letter", *United States Department of Education*, 4 de abril de 2011, ed.gov.

48. O "Title IX" da emenda educacional de 1972, nos Estados Unidos, proíbe discriminação sexual em qualquer programa ou atividade educacional que receba assistência financeira do Estado. (N.T.)

49. Jacob Gersen & Jeannie Suk, "The Sex Bureaucracy", *California Law Review*, 2016, p. 104, pp. 881-948. Ver também Jennifer Doyle, *Campus Sex, Campus Security*, Semiotext(e), 2015.

arraigadas de feminilidade tradicional", provocando "histeria com respaldo oficial" e "paranoia coletiva".[50] A cultura do consentimento na universidade infantiliza as alunas, alegou Kipnis, e encoraja mulheres a se verem como essencialmente vulneráveis à ação predatória de homens e professores malignos.

Na mesma linha de Roiphe, Kipnis argumentou que essa cultura sexual equivocadamente representa as mulheres como seres isentos de desejo e não sexuais; como se precisassem ser "consultadas" o tempo todo (afinal, do que se trata a necessidade de consentimento a cada passo de um encontro sexual?). Por que essas mulheres não podem apenas dizer o que querem e seguir em frente? O feminismo passou décadas, segue o argumento, derrubando restrições em torno dos desejos femininos; o que há de progressista, então, em uma cultura sexual que enxerga as mulheres como cristais expostos à intimidação e incapazes de se impor, necessitadas de andar de mãos dadas não só com os amantes, mas também com as autoridades? Em 1993, Roiphe tinha escrito que essas instituições veriam seus esforços saírem pela culatra: "flores frágeis vão murchar fora da faculdade."[51] Kipnis concordou com "a história da flor murcha";[52] as mulheres precisam ser fortalecidas, não superprotegidas, parecia ser essa a sugestão.

Kipnis não deixa de ter razão na questão burocrática: os procedimentos relativos ao Título IX podem muito bem ser falhos – atuando como tribunal de justiça, mas desconsiderando o direito do acusado a um advogado, ou deixando de apresentar acusações claras contra alguém, por exemplo. Em todo caso, em 2017, Betsy DeVos, secretária de educação de Trump, rescindiu a orientação de Obama baseada no Título IX. (O Reino Unido não tem qualquer diretriz coordenada dessa natureza, no que se refere ao assédio nas universidades.) No entanto, os usos que autoras como Roiphe e Kipnis fazem de seus receios em relação à cultura do consentimento na universidade são reveladores. Elas reconhecem as injustiças e os danos sofridos por essas mulheres, porém sugerem que a solução para

---

50. Laura Kipnis, *Unwanted Advances*, Verso, 2018, p. 1.

51. Roiphe, op. cit. p. 109.

52. Kipnis, op. cit. p. 122.

essas questões reside em uma figura idealizada: a mulher forte, capaz de superar tudo – capaz de sacudir os ombros para os danos e de se tornar ainda mais forte; de deixar de ser, para sermos francas, um bebezão. Em outras palavras, a crítica proposta por elas expressa com perfeição o feminismo da confiança.

Para essas autoras, mulheres "crescidas" sabem lidar com os inevitáveis altos e baixos do sexo, em vez de gritar "assédio!". O tema recorrente do "sexo ruim" tem um papel importante nessa conversa. Mulheres jovens são encorajadas, argumenta Kipnis, a lançar mão de medidas burocráticas "a fim de reparar ambivalências sexuais ou experiências sexuais embaraçosas".[53] Para ela e seus pares, o sexo, "inclusive quando ruim (como acontece com frequência)", ainda "é educativo".[54] A jornalista Bari Weiss expôs um ponto de vista semelhante em sua reação às alegações contra o comediante Aziz Ansari, em 2018. As alegações, publicadas em uma conta no *site* babe.net, causaram furor (em grande medida, pelo fato de a publicação da história, feita aparentemente às pressas, ter dado a impressão de não adotar métodos condizentes com o jornalismo padrão, tais como dar a Ansari o direito de resposta). "Grace" (um pseudônimo) falou de se sentir pressionada a fazer sexo e de tentar sinalizar – de modo verbal e não verbal – sua falta de interesse, sinais que ela acusa Ansari de desrespeitar reiteradas vezes. Para muitos, a história lembrou o exemplo de um homem mimado e insistente, determinado a conseguir fazer sexo, com pouco interesse no prazer da mulher (ou talvez até no próprio prazer). Para outros, Grace tinha esperado que Ansari lesse seus pensamentos e não conseguira expressar bem nem os próprios desejos nem o fato de que não estava se divertindo: falhara em dizer um sim entusiástico, assim como falhara em dizer não. Existe, escreveu Weiss, "um termo útil para descrever o que essa mulher experimentou em sua noite com o Sr. Ansari. Chama-se 'sexo ruim'. É um saco".[55]

---

53. Kipnis, op. cit. p. 17.

54. Kipnis, op. cit. p. 13.

55. Bari Weiss, "Aziz Ansari is Guilty. Of Not Being a Mind-Reader", *New York Times*, 15 de janeiro de 2018, nytimes.com.

Weiss reconhece que as mulheres são educadas a "se preocupar mais com o prazer dos homens do que com o próprio". Mas a solução para esse problema não é, segundo ela, se ressentir dos homens "pela incapacidade de entender suas 'dicas não verbais'". A solução está nas mulheres serem mais verbais. É dizer: "É isso que me excita." É dizer: "Não quero fazer isso." Weiss ralhou com "Grace", como quem mantém o dedo em riste: "Se ele pressioná-la a fazer o que você não quer, mande-o para aquele lugar, levante-se com as duas pernas e dê o fora." De modo semelhante, Kipnis, no podcast de Jessa Crispin, *Public Intellectual*, lamenta o fato de alunas "não serem capazes de superar" trinta segundos ou quinze minutos de sexo ruim.[56] E Meghan Daum, no jornal *The Guardian*, escreveu sobre a lacuna existente entre o apoio público de muitas mulheres ao #MeToo e suas conversas privadas. "'Cresça, a vida é assim', ouço essas mesmas feministas dizerem."[57] Há, nessas colocações, fortes alusões a crianças fracas e feridas em contraponto a mulheres adultas, e fica muito óbvio em que lado devemos querer estar.

Esse é um feminismo no qual é dever de toda mulher ser assertiva e confiante, e no qual, acima de tudo, ninguém pode demonstrar estar ferida ou ofendida. Na verdade, nesse regime de poder individual, o mero fato de se sentir ferida já é um sinal de fraqueza. Além disso, o sexo ruim é pintado como um traço inevitável da paisagem; um fato cruel, sem solução, com o qual as mulheres precisam lidar. Isso ecoa o artigo no *New York Times* sobre a política de consentimento da faculdade Antioch, nos anos 1990: a adolescência, em particular nos anos da faculdade, dizia o jornal, é "um período de experimentação, e isso significa cometer erros"; nenhuma política de proteção jamais será capaz de "proteger todos os jovens daquelas péssimas manhãs seguintes", momentos em que "as pessoas aprendem".[58]

---

56. Teaching Consent (com Laura Kipnis), Public Intellectual podcast com Jessa Crispin, Series 1 Episode 1, 25 de setembro de 2019, jessacrispin.libsyn.com.

57. Meghan Daum, "Team Older Feminist: Am I Allowed Nuanced Feelings about #MeToo?", *Guardian*, 16 de outubro de 2019, theguardian.com.

58. "Ask First at Antioch", *New York Times*, 11 de outubro de 1993, nytimes.com.

O caráter evasivo dessas expressões é notável. Quem paga o preço por essa visão sentimental e nostálgica da estabanação adolescente? Quem aprende o quê, exatamente? Para quem o sexo ruim é de fato ruim, e em que termos? Sabemos que as mulheres pagam um preço bem mais alto pela atividade sexual do que os homens, seja no risco de gravidez, no estigma de "vadia" ou no padrão moral enviesado. O prazer tampouco é igualmente distribuído: muitos estudos documentam uma diferença significativa entre o prazer e a satisfação sexual de homens e mulheres; elas enfrentam em maior proporção dificuldades, dores e ansiedades sexuais. Mulheres relatam menor satisfação tanto na relação sexual mais recente quanto ao longo da vida; e, enquanto 90% dos homens atingem o orgasmo durante o sexo, de 50 a 70% das mulheres o atingem.[59] Uma pesquisa feita por Debby Herbenick, em 2015, revelou que 30% das mulheres relatam dor durante o sexo vaginal, e 72%, durante o sexo anal.[60] As expectativas das mulheres são, além disso, inquietantemente baixas; Herbenick disse à jornalista Lili Loofbourow, em 2018, que, quando as mulheres falam de "sexo bom", tendem a se referir à ausência de dor, ao passo que os homens falam de atingir o orgasmo.[61]

---

59. Ver David A. Frederick et al., "Differences in Orgasm Frequency among Gay, Lesbian, Bisexual, and Heterosexual Men and Women in a U.S. National Sample", *Archives of Sexual Behavior*, 47(1), pp. 273-88, 2017; O. Kontula and A. Miettinen, "Determinants of Female Sexual Orgasms", *Socioaffective Neuroscience and Psychology*, 6(1), pp. 316-24, 2016; Juliet Richters et al., "Sexual Practices at Last Heterosexual Encounter and Ocurrence of Orgasm in a National Survey", *Journal of Sex Research*, 43(3), pp. 217-26, 2006; ver também Katherine Rowland em *The Pleasure Gap: American Women and the Unfinished Sexual Revolution*, Seal Press, 2020.
Para dados referentes ao Reino Unido, ver K. R. Michell, C. H. Mercer, G. B. Ploubidis et al., "Sexual Function in Britain: Findings from the Third National Survey of Sexual Attitudes and Lifestyles (Natsal-3)", *The Lancet*, 2013, 382 (9907), pp. 1817-29. O estudo NATSAL-3 revelou que, quando perguntadas se haviam tido problemas sexuais por três meses ou mais no último ano, 34% das mulheres no Reino Unido registraram falta de interesse em sexo; 16%, dificuldades para chegar ao orgasmo; 13%, desconforto por causa da vagina ressecada; e 12%, ausência de prazer no sexo.

60. D. Herbenick, V. Schick, S. A. Sanders, M. Reece, J. D. Fortenberry, "Pain Experienced during Vaginal and Anal Intercourse with Other-Sex Partners: Findings from a Nationally Representative Probability Study in the United States", *Journal of Sexual Medicine*, 12(4), pp. 1040-51, 2015.

61. Lili Loofbourow, "The Female Price of Male Pleasure", *The Week*, 25 de janeiro de 2018, theweek.com. Ver também Sara I. McClelland, "Intimate Justice: A Critical Anaysis of Sexual Satisfaction", *Social and Personality Psychology Compass*, 4(9), pp. 663-80, 2010.

A violência afeta as mulheres de modo desproporcional. Uma em cada cinco mulheres sofre estupro ou tentativas de estupro ao longo da vida e um terço dos parceiros íntimos comete violência física contra mulheres;[62] esses números aumentam de modo significativo entre mulheres não brancas. Uma enquete entre mulheres no primeiro ano de faculdade, nos Estados Unidos, revelou que uma em cada seis era vítima de estupro ou tentativa de estupro até o final do ano letivo, muitas vezes enquanto estavam incapacitadas ou sob o efeito de substâncias tóxicas.[63] Muitas dessas mulheres passaram pela experiência de ter alguém tentando penetração

---

62. Nos Estados Unidos, ver RAINN (Rape, Abuse, & Incest National Network) em rainn.org, National Coalition Against Domestic Violence, e National Sexual Violence Resource Center em nsvrc.org. O Office for National Statistics, no Reino Unido, sugere que 20% das mulheres e 4% dos homens já enfrentaram algum tipo de abuso sexual desde os 16 anos de idade. Cerca de cinco em cada seis vítimas (83%) não fizeram registro policial das ocorrências (dados da Crime Survey for England and Wales, de março de 2017, e de registros policiais). A estimativa é de que 12,1% dos adultos com idades entre 16 e 59 anos tenham tido alguma experiência de abuso sexual (incluindo tentativas) desde os 16 anos de idade. Estima-se que 3,6% dos adultos já passaram por alguma experiência de abuso sexual doméstico (incluindo tentativas) – por parte de um parceiro ou membro da família. Entre as mulheres, 3,1% tiveram alguma experiência de abuso sexual no último ano, em comparação a 0,8% dos homens. Mulheres e meninas com idades entre 10 e 24 anos tiveram desproporcionalmente mais chances de serem as vítimas das ofensas sexuais registradas pela polícia, em particular aquelas com idades entre 10 e 14, e entre 15 e 19. Mulheres com doenças crônicas ou deficiências tiveram mais chances de serem vítimas de abuso sexual nos últimos 12 meses do que aquelas sem doenças crônicas ou deficiências (5,3%, em comparação a 2,7%, respectivamente). Para a maioria das mulheres e meninas vítimas de estupro ou abuso com penetração (incluindo tentativas), o agressor era um parceiro ou ex-parceiro (45%), ou alguém conhecido que não fosse parceiro ou membro da família (38%). Um sétimo das vítimas do sexo feminino apontou o agressor como desconhecido (13%). Os dados do Home Office [departamento do governo britânico responsável pelo controle de imigração e segurança] levantaram a suspeita de que um terço dos estupros contra mulheres foram cometidos por um parceiro íntimo, enquanto o CSEW sugeriu que quase metade (45%) dos abusos sexuais por meio de estupro ou penetração (incluindo as tentativas) contra mulheres foi cometida por parceiro ou ex-parceiro. O lugar mais comum dos estupros ou abuso com penetração foi a casa da vítima (39%) ou a do agressor (24%). 9% das vítimas sofreram abuso em parques ou outros lugares públicos. 99% dos participantes vítimas de estupro ou abuso com penetração, desde os 16 anos de idade, registraram que o agressor era do sexo masculino. Quase um terço das vítimas não havia falado com ninguém acerca do abuso mais recente. Quase dois terços das vítimas sofreram perturbação mental ou emocional depois do abuso; uma em cada dez tentou suicídio.

63. K. B. Carey, S. E. Durney, R. L. Shepardson, M. p. Carey, "Incapacitated and Forcible Rape of College Women: Prevalence across the First Year", *Journal of Adolescent Health*, 56, pp. 678-80, 2015.

vaginal, oral ou anal mesmo depois de terem indicado que não queriam fazer sexo. Nem todas elas descreveram essa experiência como uma agressão. Vanessa Grigoriadis, tendo falado com muitas mulheres que viveram esse tipo de experiência, escreve em *Blurred Lines* [Linhas borradas] que "elas acordavam seminuas e não se lembravam de nada além de fazer acrobacias em barris de cerveja ao som de canções de Taylor Swift. Elas não sabem muito bem como se referir ao fato".[64] Talvez isso seja só aprendizado – os erros inevitáveis e esquisitos da juventude?

Autoras como Laura Kipnis e Bari Weiss podem se ver como progressistas ao insistir que as mulheres podem e devem exercer poder e influência: afinal, elas encorajam as mulheres a "se levantar com as duas pernas". Ainda assim, no aceno cheio de leveza em direção à inevitabilidade do sexo ruim na juventude, elas atribuem *às mulheres* uma carga desigual no manejo dos riscos do sexo. Elas tratam o desprezo masculino pelo prazer feminino e pela autonomia feminina como um fato inevitável, ao passo que tratam as manobras das mulheres em torno desse desprezo como algo imperativo – e direcionam seu sarcasmo àquelas que não conseguem reagir com a audácia devida. "Ontem à noite eu deveria ter sido preso", "vangloriam-se" vários jovens em conversas sobre consentimento com Vanessa Grigoriadis. Peggy Orenstein observa que jovens adultos falam em "destruir", "rasgar" ou "detonar" as mulheres.[65] Alguns alunos da Universidade de Warwick, no Reino Unido, escreveram inúmeras mensagens em grupos on-line fazendo piadas sobre estupros coletivos e mutilações de colegas e amigas (a universidade foi alvo de forte crítica, em 2019, ao confiar a investigação do caso a um assessor de imprensa da instituição).[66] Parte disso pode ser bravata; basicamente, rapazes conversando entre si, em um linguajar não dominado pelas colegas, usando agressividade simbólica direcionada às mulheres como validação da heterossexualidade. Mas, para as mulheres,

—

64. Vanessa Grigoriadis, *Blurred Lines: Rethinking Sex, Power and Consent on Campus*, p. 38, Mariner Books, 2018.

65. Peggy Orenstein, *Boys and Sex: Young Men on Hookups, Love, Porn, Consent, and Navigating the New Masculinity* (Harper Collins, 2020), p. 28.

66. Dulcie Lee & Larissa Kennelly, "Inside the Warwick University rape chat scandal", BBC News, 28 de maio de 2019, bbc.co.uk.

qual o resultado dessa conversa sobre elas? Se as "pessoas", como consta no *New York Times*, em 1993, aprendem com o sexo ruim, as lições que homens e mulheres aprendem são as mesmas? Pode muito bem acontecer de os homens aprenderem que não precisam se preocupar com o prazer de uma mulher e de as mulheres aprenderem que devem priorizar o prazer masculino em detrimento de seu próprio prazer e de sua diversão. Quem aprende que seu papel é obter prazer a qualquer custo? E quem aprende que deve sofrer sozinha as consequências do sexo?

Consentimento é um pressuposto básico, é o mínimo. E o consentimento afirmativo, como argumenta Joseph Fischel, no livro *Screw Consent*, é o parâmetro menos ruim na legislação sobre agressão sexual, comparado à força, à resistência e a parâmetros de não consentimento. Demandar uma indicação mínima, não necessariamente verbal, de concordância positiva para o sexo demonstra respeito pela autonomia sexual da pessoa e é um critério melhor do que o silêncio ou a resistência. Contudo, o consentimento tem um alcance limitado e tem sido instado a carregar um fardo pesado demais, a lidar com problemas que ele não tem condições de resolver.

Em suas frustrações em torno da noção de consentimento, da cultura sexual na universidade e do #MeToo, autoras como Kipnis, Roiphe e Weiss têm tateado, desorientadas, rumo à ideia de que muito do sexo que é consentido, ainda que de modo afirmativo, é ruim: triste, desagradável, humilhante, unilateral, dolorido. "Sexo ruim" não precisa ser agressivo para ser assustador, constrangedor, angustiante, e um conceito jurídico enfrenta dificuldades em estabelecer essa diferença. Mas elas parecem imobilizadas por essas ideias e não conseguem investigar, ou examinar com mais atenção, a dinâmica que determina o sexo ruim – sexo que, devido às suas disparidades quanto ao prazer, tem grande importância, ainda que não seja, a rigor, abusivo.

Em vez de nos conformarmos com a inevitabilidade do sexo ruim, ou até de adotarmos uma visão romantizada de aventuras juvenis malsucedidas, deveríamos submetê-lo a um escrutínio constante. Sexo ruim deriva de normas de gênero segundo as quais as mulheres não podem ser agentes igualitários na busca sexual, enquanto os homens têm direito à satisfação a qualquer custo. Ele ocorre por causa das inadequações e das desigualdades no acesso a informações sobre direitos e responsabilidades no âmbito da sexualidade, à educação sexual e a serviços de saúde sexual. Ele se vale das dinâmicas distintas de poder entre as partes e explora noções racializadas de inocência e de culpa. Sexo ruim é uma questão política, de desigualdade no acesso ao prazer e à autodeterminação, e é como questão política que deveríamos examiná-lo, em vez de dar de ombros e buscar refúgio em uma crítica individualizante de mulheres jovens que usam as ferramentas ao seu alcance para tratar das dores de suas vidas sexuais.

Seja como for, não são só as jovens iniciantes que fazem sexo ruim, a partir do qual, acredita-se, amadurecem. Mulheres de todas as idades fazem sexo que as deixa desoladas e assustadas, e uma narrativa de sexo com foco restrito às universitárias nos leva a ignorar o sexo desagradável, a coerção e as agressões que afetam mulheres em todas as camadas sociais e, talvez, em especial, aquelas em situações socioeconômicas vulneráveis. Nós precisamos de uma crítica robusta em torno do consentimento não para difamar jovens supostamente apegadas à vitimização, mas por solidariedade a todas as mulheres para quem o sexo pode vir a ser uma barganha infeliz, uma falsa escolha ou uma necessidade econômica de sobrevivência.

Daphne Merkin, no *New York Times*, em 2018, escreveu que pedir consentimento antes de dar continuidade a um avanço sexual é algo "inevitavelmente tão desajeitado quanto retrógrado", "despindo o sexo de sua carga erótica".[67] Essa é a visão recorrente, a de que o consentimento afirmativo – e a necessidade de ele ser contínuo – torna o sexo em grande medida transacional e contratual. Todavia, é perigoso apressar-se em descartar, em nome do erotismo, o papel dos acordos e das negociações no

---

67. Daphne Merkin, "Publicly, We Say #MeToo. Privately, We Have Misgivings", *New York Times*, 5 de janeiro de 2018, nytimes.com.

sexo. Contratos são cruciais para profissionais do sexo e da pornografia, por exemplo, para quem a negociação de limites é crítica no gerenciamento dos riscos inerentes ao trabalho.[68] De modo semelhante, indivíduos que praticam sexo BDSM[69] contam com acordos e contratos a fim de mitigar os riscos intensificados de ferida e dor. Se você brinca com fogo, grampos ou cera, um arranjo contratual pode ser vital.

Porém, muitos refutam a ideia de que acordos, contratos e transações possam ter algum papel no sexo justamente porque isso o torna mais parecido com trabalho ou porque parece envolver a aceitação de que o sexo (pago ou não) costuma ser um intercâmbio desigual de riscos. Em outras palavras, o acordo ressalta os desequilíbrios em relação ao risco e aos danos.

Alguns, portanto, se incomodam com os ecos contratuais do consentimento porque eles evocam essas desigualdades. Outros, no entanto, se incomodam com o consentimento afirmativo por ele ainda representar o sexo como algo que um homem quer e com o qual uma mulher concorda ou como algo que ele quer e ela recusa. O consentimento situa o sexo como um objeto cuja obtenção é policiada pelas mulheres. Afinal de contas, mesmo quando afirmativo, o consentimento ainda é uma reação à proposta de outra pessoa. Posso fazer isso? Sim, pode. Essa estrutura reflete as piores normas heterossexuais. Connell Barrett, um conhecido *coach* de relacionamentos, escreve que "a tarefa de um homem é intensificar e conduzir a interação, enquanto a tarefa de uma mulher é dizer sim ou não".[70] Em *Rethinking Rape* [Repensando o estupro], Ann Cahill observou, com ironia, que, se o casamento e o sexo fossem experiências que as mulheres considerassem interessantes ou desejáveis, "não falaríamos do consentimento

---

68. Ver, por exemplo, Juno Mac and Molly Smith, *Revolting Prostitutes: The Fight for Sex Workers' Rights* Verso, 2018; Lola Olufemi, *Feminism Interrupted: Disrupting Power* (Pluto Press, 2020); Judith Levine e Erica R. Meiners, *The Feminist and the Sex Offender: Confronting Sexual Harm, Ending State Violence,*Verso, 2020.

69. Acrônimo de *Bondage*, Disciplina, Dominação, Submissão, Sadismo e Masoquismo. (N.T.)

70. Alex Manley, "Signs She's Interested in Having Sex with You", AskMen.com, 13 de dezembro de 2019, askmen.com.

das mulheres, mas do desejo delas".[71] Muitos resistem aos pressupostos da cultura do consentimento por eles carregarem traços dessa visão unilateral de desejo e de arbítrio sexual.

Essa própria cultura, a propósito, tem consciência desses problemas e os veem incorporando à sua retórica. A noção de um consentimento não só afirmativo, mas "entusiástico", almeja elevar os parâmetros na cultura sexual; não queremos apenas que mulheres concordem em fazer sexo a partir de uma iniciativa masculina: queremos que elas mesmas tomem a iniciativa, sintam entusiasmo por isso e sigam pelo mundo com desejos e demandas próprias. Daí a expansão da ideia rumo a algo mais ambicioso: desejo, prazer, entusiasmo, confiança.

Contudo, o problema do consentimento não é que o sexo não possa e não deva nunca ser contratual – a segurança de profissionais do sexo se baseia exatamente na noção de um contrato e na possibilidade de sua violação, de modo que elas possam ser vistas como alguém passível de agressão.[72] Tampouco se trata de o consentimento não ser sensual ou romântico. O problema, em vez disso, é que apegar-se a ele como se fosse a única chancela para nossas reflexões sobre sexo – o problema de sermos "magnetizadas" pelo termo, como diz Joseph Fischel – ignora um aspecto crucial de nossa condição humana: o fato de que os indivíduos não mantêm relacionamentos de poder igualitários entre si. O apego ao consentimento como arcabouço geral para abrigar reflexões em torno de sexo bom ou ruim nos aproxima da fantasia do liberalismo, segundo a qual, como diz Emily A. Owens, "a igualdade simplesmente existe".[73]

Muito do sexo que as mulheres consentem é indesejado, pois elas cedem sob coação, por necessidade de alimentar e vestir a si mesmas e à família ou para permanecer em segurança. Em todos os lugares, todos os

---

71. Ann Cahill, *Rethinking Rape* (Cornell University Press, 2001), p. 174. Cahill parafraseia o trabalho de Carole Pateman em *The Sexual Contract* (Polity, 1988) e *The Disorder of Women: Democracy, Feminism, and Political Theory* (Stanford University Press, 1989).

72. Além disso, se o consentimento deve incluir também desejo e entusiasmo, deduz-se que aquelas que consentem sem desejo – profissionais do sexo, por exemplo – não consentiram *de verdade*. Isso torna a quebra do acordo – a agressão – sem qualquer sentido, o que, por sua vez, dificulta a proteção dessas profissionais.

73. Emily A. Owens, "Consent", *differences*, 30(1), pp. 148-56, p.154, 2019.

dias, há mulheres que cedem por sentirem que não têm nenhuma chance; seja porque um homem as mantém endividadas, seja porque ele as ameaça; ou porque ele pode fazê-las sofrer por meio de uma demissão, de um despejo, de uma denúncia à polícia de imigração ou da acusação de um crime – como no caso da prostituição em lugares onde a prática é criminalizada; o policial Daniel Holtzclaw fez exatamente isso em Oklahoma, perseguindo e abusando sexualmente de várias mulheres afro-americanas envolvidas com prostituição, com mandados pendentes ou com ficha criminal. Muitas leis de consentimento exigem que ele não seja obtido mediante coerção, mas, na realidade, é comum mulheres concordarem em fazer sexo quando não queriam, por medo das consequências. É crucial manter a distinção entre consentimento e entusiasmo, justamente para que possamos descrever o que ocorre nessas dinâmicas de desequilíbrio de poder.

Relacionamentos com desigualdade de poder entre as partes indicam que o consentimento por si só não distingue o sexo bom do ruim, embora ele possa, em certa medida, diferenciar sexo de abuso. Consentimento pode ser sexy, nos dizem tantas vezes – uma insistência que pode muito bem ter surgido a partir das críticas que o rotularam de estraga-prazeres. Ele deve ser exercido como parte do vaivém descontraído das negociações sexuais; pode, aconselhou o *site* xojane.com, "ser trabalhado nas preliminares, incorporado como parte integral de um encontro erótico nos momentos em que os parceiros jogam conversa fora, fazem provocações e conferem um com o outro o que vão, e o que não vão, fazer".[74]

No entanto, isso só funciona se tivermos em mente um certo tipo de parceiro, um que esteja comprometido por inteiro com o direito da mulher de ter desejos indefinidos ou inconstantes. Tudo depende de a mulher perceber que tem a opção de recusar – algo que não se limita à questão jurídica da coerção. Depende, entre outras coisas, de o homem com quem ela está ser capaz de ouvir um não; de estar apto a negociar sem abusar de sua provável força física superior; sem abusar do maior poder social que exerce

---

74. Citado em Terry Goldsworthy, "Yes Means Yes: Moving to a Different Model of Consent for Sexual Interactions", *The Conversation*, theconversation.com. Ver também as muitas campanhas "Consent Is Sexy", em várias universidades estadunidenses, e a discussão acerca dessas campanhas em "Pedagogies of Desire", de Jennifer C. Nash, em *differences: A Journal of Feminist Cultural Studies*, 30(1), pp. 197-217, 2019.

sobre ela; sem abusar do conhecimento de que as mulheres dificilmente registram o abuso e, caso o façam, correm grande risco de sair perdendo. Ele está pedindo consentimento e se mantendo aberto à possibilidade de ouvir um não? Ele vai aceitar um não? Vai se irritar, ignorar, persuadir, insistir, intimidar ou punir? Qualquer modelo de consentimento pode se revelar inútil se um homem não estiver aberto ao "não" de sua parceira sexual ou às alterações em seus desejos, ou se ele reagir a qualquer uma dessas opções com o ódio resultante da humilhação. Ainda assim, uma mulher pode sair de uma relação sexual se sentindo ofendida, com razão, enquanto ele se abriga na ideia de que "obteve" consentimento. Ele perguntou, ela disse sim.

Nada disso significa, claro, que devemos descartar a ideia de consentimento. Porém, ele não pode arcar com o peso de todos os nossos desejos emancipatórios; devemos enxergar seus limites. O consentimento – a concordância em fazer sexo – não deve ser confundido com desejo sexual, com prazer ou com entusiasmo, não porque devemos nos conformar com sexo ruim, mas justamente porque não devemos. Que mulheres vivenciem tanto sexo deprimente é uma questão de profundo cunho social e político, e o consentimento não é capaz de resolver isso por nós.

Em 1996, o single "Wannabe", das Spice Girls, atingiu o primeiro lugar nas paradas de sucesso em mais de 30 países. O videoclipe exibia as cinco integrantes, Sporty, Scary, Baby, Ginger e Posh, fazendo uma boa bagunça em um dos maiores bastiões da arquitetura britânica do século XIX – o grandioso hotel de tijolos vermelhos anexo à estação de trem St. Pancras, em Londres. No vídeo, elas beijam homens desavisados e avançam em meio a membros elegantes da elite, dançando com uma postura desafiadora e cantando sem parar o hino do grupo, exaltando amizade e lealdade. A insistência das jovens em assumir um ar de ousadia contrasta com a canção em si, uma cantilena quase de ninar, curiosamente infantil.

O grupo Spice Girls foi formado por executivos da música que queriam criar um equivalente feminino para as grandes *boybands* da época (Take That, East 17, The Backstreet Boys), e a marca registrada da banda era uma espécie de ar saudável de garotas do bairro mesclado a uma declaração performativa de "girl power". "Girl power" era uma ideia vaga e um tanto abrangente: Margaret Thatcher, disse Geri Halliwell em uma entrevista, foi "a primeira Spice Girl, a pioneira de nossa ideologia".[75]

O grupo ilustra com perfeição o pós-feminismo dos anos 1990, primo mais velho do atual feminismo da confiança. Pós-feminismo era a ideia de que o feminismo atingira seus objetivos, vistos em larga medida como econômicos, e não precisava mais se preocupar de modo tão angustiado com a sexualidade[76]. O pós-feminismo fetichizava um novo tipo de visibilidade para as mulheres no qual elas estavam, nas palavras da socióloga Angela McRobbie, "se destacando" como agentes de poder econômico e social. Jovens radiantes exibindo seus históricos acadêmicos brilhantes apareciam com regularidade na imprensa do Reino Unido ao lado de jovens mulheres abrindo empresas e de números recordes de mulheres entrando para o Parlamento ou assumindo o posto de chefe executiva.

Aquela era a década do triunfo do New Labour no Reino Unido e de uma reinvenção – ainda que um pouco forçada – da imagem nacional e internacional de uma Grã-Bretanha descolada, urbana, de vanguarda. Foi um tempo em que uma política de centro-esquerda revigorada e palatável se mesclou ao pop britânico e a uma publicidade inovadora, em um coquetel inebriante e promissor – o astro de rock Noel Gallagher foi a uma festa em Downing Street;[77] Ginger Spice usava um microvestido com uma estampa da bandeira do Reino Unido; a modelo Eva Herzegovina olhava deliberadamente os próprios seios vestidos com um sutiã Wonderbra. A campanha do sutiã Wonderbra – supervisionada pela mesma empresa de publicidade

---

75. Simon Sebag Montefiore, "Interview with the Spice Girls", 14 de dezembro de 1996, spectator.co.uk.

76. V. Angela McRobbie, *The Aftermath of Feminism: Gender, Culture, and Social Change*, Sage, 2009.

77. Referência à residência oficial do primeiro-ministro britânico, localizada no nº 10 da Downing Street, em Londres. (N.T.)

que conduziu a campanha FCUK para a rede de lojas de roupas French Connection UK e criou os pôsteres do partido conservador Tory na campanha para as eleições de 1997 – era uma imagem central para o pós-feminismo. Conforme argumenta McRobbie, ela brinca com a memória de um passado careta; na imagem, uma mulher sugere a própria objetificação, se regozijando no prazer, provocando de modo consciente os críticos previsíveis, incluindo todo mundo na brincadeira.

Entretanto, jovens mulheres dessa época estavam, argumentava McRobbie, "aptas a se destacar desde que o feminismo saia de cena".[78] E as jovens sob os holofotes da cultura popular tinham, claro, um tipo específico: eram brancas e ocidentais. Não por acaso, havia apenas uma mulher não branca nas Spice Girls e seu codinome era o perturbadoramente racista "Scary" ["Assustadora"]. Também não por acaso, no videoclipe de "Wannabe", uma exibição que se propunha graciosa da assertividade atrevida das jovens, elas mexem no cabelo e roubam o boné de um morador de rua. Nessa época, a apresentação de jovens economicamente poderosas e socialmente bem-posicionadas estabelecia o contraste entre um mundo ocidental que se supunha progressista em questões de gênero e um "outro" tradicional, opressor – não raro representado pela imagem de uma mulher muçulmana de véu.

Não é coincidência que a reformulação do conceito de consentimento como algo afirmativo e entusiástico tenha brotado nessa década pós-feminista. O pós-feminismo insistia na assertividade sexual e na positividade sexual – um prazer alegre por se ver como objeto de desejo e por se impor como sujeito de desejo. Uma mulher incapaz de declarar seu desejo aos quatro ventos e de modo provocador não estava à altura de sua pessoalidade. Ela estava remontando a um feminismo antiquado, frígido, em vez de avançar rumo a uma postura ideal do período, sexualmente empoderada, na qual um entusiasmo exagerado pelo sexo era uma marca de sucesso, de orgulho e de poder.

Nessa era do pós-feminismo, o argumento bastante razoável de que a mulher deveria ter direito à liberdade sexual – de que deveria ser capaz de declarar seu desejo aos quatro ventos, de ser despudorada, libidinosa e

—
78. Mc Robbie, p. 56.

disposta a fazer sexo – escorregou rumo à insistência mais questionável de que as mulheres *são* e *devem ser* assim. E parte dessa insistência – de que, em nome da igualdade sexual, as mulheres devem fazer a parte delas e ser assertivas, enfáticas e desinibidas – encontrou espaço nas iniciativas de consentimento afirmativo e entusiástico. Críticas de ontem e de hoje, como Katie Rophie e Laura Kipnis, têm se preocupado com a timidez e com o medo trazidos à tona na cultura do consentimento. Eu argumento, em vez disso, que a retórica atual do consentimento tem algo da visão pós-feminista que considera abjetos a incerteza sexual e o medo – algo que enquadra a hesitação sexual como coisa do passado. Para ser um sujeito sexual contemporâneo e empoderado nessa cultura, é preciso ser capaz de expressar o desejo em alto e bom som, com confiança. O silêncio não nos pertence; pertence ao passado e ao sujeito feminino abjeto de outrora.

Recomendações de segurança para mulheres e campanhas de prevenção ao estupro tendiam a representar as mulheres como eternas vítimas de violência sexual, direcionando-se em primeiro lugar a elas, não aos perpetradores. As postagens encorajam mulheres a desenvolver estratégias – evitar bebidas alcoólicas, não voltar para casa sozinha tarde da noite – a fim de reduzir as chances de serem estupradas. "O álcool é a droga número um do estupro: quanto você já bebeu?", perguntava um panfleto da polícia de Belfast, em 2015, o qual encorajava as mulheres a não ficarem "tão bêbadas a ponto de não saber o que estão fazendo". "Seja Esperta", dizia o panfleto, "diga não ao sexo que você não quer fazer". A polícia, sem dúvida, fizera o dever de casa do consentimento: "seja clara", exortava.

Esse tipo de aconselhamento retrata o estupro como uma força implacável e impessoal, onipresente e inevitável – mas curiosamente desvinculada dos indivíduos estupradores. Ele se dirige a cada mulher como se fosse a "próxima da fila" e a encoraja, nas palavras da pesquisadora Rachel Hall, a sentir um "medo diligente".[79] As mulheres devem permanecer em uma "preparação perpétua" para o inevitável, e espera-se que gerenciem com responsabilidade um risco que apenas existe, como um fato imutável.

---

79. Rachel Hall, "'It Can Happen to You': Rape Prevention in the Age of Risk Management", *Hypatia*, 19(3), pp. 1-19, p. 10, 2004.

Ativistas feministas há muito combatem essa forma de se dirigir às mulheres, popularizando táticas inversas a essas nas redes sociais. Contudo, a mentalidade demora a mudar, como ilustra o panfleto. E, de modo um tanto curioso, o discurso do consentimento se parece mais com esse discurso de segurança do que gostaria de admitir; ele também desvia o foco da prevenção do estupro para o gerenciamento de risco individual por parte de cada mulher.

A diferença é que, na atualidade, a mulher individual a quem o discurso de risco se dirige é um sujeito idealizado e com uma autoconfiança sexual veemente, alguém que se conhece, que fala direta e claramente e que recusa a própria vulnerabilidade. Ela conduz o gerenciamento de risco por meio da autoexpressão. Usa seu autoconhecimento confiante como blindagem de autoproteção; ela reafirma a própria invulnerabilidade como forma de manter a vulnerabilidade a distância.

Isso – a vulnerabilidade – é o cerne da questão. Para as autoras que venho questionando, a cultura do consentimento deixa as mulheres em uma posição vulnerável e lhes nega o arbítrio. Para mim, a retórica do consentimento toma o fato da vulnerabilidade das mulheres à violência – a prevalência da violência contra as mulheres – e, em contrapartida, tenta torná-las invulneráveis. O discurso do consentimento tanto reconhece a vulnerabilidade quanto a repudia: você é vulnerável, portanto, deve endurecer; você é violável, portanto, deve se posicionar como inviolável. Você deve vestir uma armadura, tornar-se impenetrável. Uma retórica enfática encorajando autoconhecimento no que se refere ao desejo é problemática não porque retrata mulheres como seres vulneráveis, mas porque revela o horror à vulnerabilidade.

É claro que há algo satisfatório nesse movimento retórico; alinhar-se ao poder, não à fragilidade, é gratificante. Mas também serve a uma função protetiva, uma que custa muito caro. Chanel Miller, no livro *Eu tenho um nome* [Know My Name], escreve lindamente sobre o efeito que o estupro teve sobre sua capacidade de sentir prazer – Brock Turner violou Miller em uma festa de fraternidade, na Universidade de Stanford, em 2015. O estupro, diz ela, "faz a gente querer se transformar em madeira, dura e impenetrável. O oposto de um corpo que é feito para ser macio, poroso, suave".[80] O endurecimento costuma ser uma reação necessária à violência ou uma estratégia necessária diante dela. Talvez o medo – o espectro constante – do estupro também faça isso com nossos pensamentos, com nossas ideias.

Esse endurecimento é algo que autoras como Roiphe e Kipnis adotam em seus argumentos. Em suas críticas à "cultura sexual universitária" e ao #MeToo, elas mantêm à distância segura uma figura que seu feminismo da confiança considera intolerável e vergonhosa: a mulher vulnerável. Em *The Morning After*, Roiphe falou com impaciência da mulher que não consegue colocar um homem "no lugar dele sem chorar no travesseiro ou gritar pedindo socorro ou terapia".[81] É palpável o nojo que ela sente da vulnerabilidade, nojo desse "reino choroso de trauma e de crise".[82]

Essa visão privilegia uma mulher idealizada, ousada, que sabe o que quer e que é capaz de gritar por cima dos telhados; uma mulher que consegue com tranquilidade deixar de lado os desequilíbrios de poder e de prazer no mundo, analisando e verbalizando seu desejo com confiança. Eis, então, o paradoxo: *tanto* a linguagem insistentemente positiva da retórica do consentimento *quanto* o posicionamento insistentemente sarcástico dessas críticas são resultados de um momento pós-feminista e de um feminismo da confiança nos quais a fragilidade ou a insegurança devem ser evitadas a qualquer custo; nos quais autoexpressão e posturas de ousada confiança imperam, e nos quais uma autoanálise individual é capaz de prevenir a violência sexual. A cultura do estupro e as reações a ela são privatizadas.

Entretanto, é possível, de vez em quando, vislumbrar a complexidade por trás da armadura. Em *The Power Notebooks* [Os cadernos do poder], publicado em 2020, Roiphe examina em sua própria escrita e em sua vida pessoal a mesma dinâmica que analiso aqui. Ainda que no livro a autora não recue de suas visões anteriores – Roiphe reitera muitas das preocupações presentes em sua crítica ao #MeToo, em 2018 –, ela analisa o que restou

—

80. Chanel Miller, *Know My Name*, p. 263, Viking, 2019 [Ed. Bras.: Eu tenho um nome, Rio de Janeiro: Intrínseca, 2021].

81. Katie Roiphe, *The Morning After*, p. 101.

82. Ibid., p. 56.

não dito em seu primeiro livro: sua própria "escalada" pelo poder e a necessidade ardente de *não ser* a mulher vulnerável que ela projetava nas figuras amedrontadas ao seu redor. "As coisas que eu escrevia nos meus vinte anos não eram mentiras", escreve ela, "eram anseios".[83] Força e vulnerabilidade, Roiphe dá a impressão de ter percebido, não são um tudo ou nada.

✱

Em uma entrevista, em 2020, Donna Rotunno, a advogada de defesa de Harvey Weinstein no tribunal, disse que "as mulheres precisam ser muito claras quanto a suas intenções" e estar "preparadas para as circunstâncias em que elas se colocam".[84] Da mesma maneira, o discurso do consentimento encoraja mulheres a conhecer seus desejos antes do sexo, a "saber o que você quer e o que seu parceiro quer". Qual a utilidade dessa imposição de autoconhecimento? A quem ela serve, exatamente? O fato de que a advogada de Weinstein *e* os defensores do consentimento encorajem o autoconhecimento deveria nos fazer pensar.

No ano 2005, em um artigo em prol do consentimento afirmativo, o acadêmico jurídico Nicholas J. Little escreveu: "Uma mulher que se depara com avanços sexuais num encontro vai querer uma relação sexual ou não vai querer uma relação sexual."[85] No entanto, uma mulher como a Moça X ou como Grace, como você ou eu, talvez, pode nem querer nem não querer sexo; ela pode oscilar entre essas duas possibilidades. Nem sempre partimos do desejo; nem sempre ele está a postos para que o identifiquemos. O reino do consentimento, mais uma vez, não basta para que pensemos sobre sexo, pois ele camufla algo que é crucial reconhecermos: que nem sempre sabemos o que queremos.

—

83. Katie Roiphe, *The Power Notebooks*, p. 134, Free Press, 2020.

84. New York Times Daily Podcast, 7 de fevereiro de 2020, nytimes.com.

85. Nicholas J. Little, "From No Means No to Only Yes Means Yes: The Rational Results of an Affirmative Consent Standard in Rape Law", *Vanderbilt Law Review*, 58(4), pp. 1321-64, p. 1354, 2005.

Desde quando aceitamos a ideia de que sabemos o que queremos, seja no sexo ou no que for? A retórica do consentimento costuma partir do pressuposto de que o desejo é algo que está à espera, completo e formado dentro de nós, pronto para que nós o extraiamos. Contudo, os desejos surgem nas interações; nem sempre sabemos o que queremos; às vezes, descobrimos coisas que não sabíamos que queríamos; às vezes, descobrimos o que queremos apenas quando entramos em ação. Isso – o fato de que nem sempre sabemos e nem sempre podemos dizer o que queremos – deve ser incorporado à ética do sexo, em vez de varrido de lado como uma inconveniência.

Outra razão central para que o consentimento não carregue todo o fardo que atribuímos a ele é que ele insiste em uma condição inviável para o prazer e para a segurança das mulheres. O desejo é incerto e contínuo, e é perturbador. É perturbador porque abre a possiblidade de que as mulheres não se conheçam por inteiro e de que os homens explorem essa falta de certeza através da coerção e da intimidação. Consequentemente, então, devemos negar esse aspecto do desejo? Não. Não devemos insistir em um desejo sexual fixo e conhecido *a priori* para que possamos estar seguras. Fazer isso seria manter a sexualidade refém da violência.

Nem sempre sabemos o que queremos e nem sempre somos capazes de expressar nossos desejos com clareza. Isso se deve, em parte, à violência, à misoginia e ao constrangimento que dificultam a descoberta do desejo e tornam sua expressão angustiante. Porém, é também da natureza do desejo ser social, emergente e sensível – ao contexto, às nossas experiências e aos desejos e comportamentos alheios. Somos criaturas sociais; e nossos desejos sempre emergiram, desde o princípio, em relação àqueles que se importam, ou que não se importam, conosco. O desejo não existe em isolamento. É isso também que torna o sexo potencialmente excitante, rico e significativo. Como tornar esse fato estimulante, em vez de paralisante?

Comentaristas do "novo" panorama do sexo e do consentimento costumam perguntar, em tom de lamento, por que se espera que os homens sejam capazes de "ler a mente de uma mulher" no que se refere ao sexo. Minha pergunta é outra: por que se espera que as mulheres conheçam suas próprias mentes, quando conhecer a própria mente é um objetivo tão inatingível? O autoconhecimento não é um aspecto confiável da sexualidade feminina, nem da sexualidade de uma maneira geral; na verdade, não é um aspecto confiável da condição humana. Insistir no contrário é fatal e é um pressuposto que tem sido aceito por tempo demais, em detrimento de conversas sobre prazer, alegria, autonomia e segurança. Se queremos que o sexo seja bom novamente – ou que seja bom – em um futuro próximo, precisamos refutar essa insistência e recomeçar com outra perspectiva. Em vez de revirar formulações de consentimento, sobre as quais depositamos uma carga ética pesada demais, e em vez de menosprezar as tentativas das mulheres de tornar seus mundos mais seguros e mais interessantes no que diz respeito ao prazer, precisamos articular uma ética do sexo que não se esforce tanto para manter de lado a incerteza do desejo. Uma ética sexual que seja digna do nome precisa permitir a obscuridade, a opacidade e o não saber. Precisamos partir dessa mesma premissa – dessa complexa e perigosa premissa: o autoconhecimento não deveria ser uma condição para estarmos a salvo da violência.

DESEJO

No portal on-line AskMen, a escritora Coleen Singer afirma que, no que se refere ao desejo sexual, os homens são, em geral, "proativos", ao passo que as mulheres "costumam ser reativas". Para a maioria dos homens, explica Singer, o desejo por sexo e a sensação de excitação antecedem qualquer atividade sexual, e eles se engajam na busca pelo sexo propriamente dito. As mulheres até sentem esse "tesão aleatório, flutuante, associado à sexualidade masculina", mas muitas, em contrapartida, também vivenciam uma "sexualidade responsiva" – o desejo acionado por "momentos específicos de contato romântico e sexual".[1]

Essa perspectiva, conforme veremos, surge de pesquisas recentes conduzidas por mulheres. Ela ecoa, contudo, uma visão bastante comum, quiçá um clichê, em torno das diferenças entre homens e mulheres, uma visão respaldada por *coaches de sedução*,[2] que ensinam homens a adotar certas técnicas "infalíveis" de como levar mulheres para a cama e cuja orientação tem semelhanças gritantes com outras formas de consultoria sexual e de relacionamentos. "Mostre uma capa da *Playboy* a um homem, e ele estará pronto para agir", escreve Neil Strauss em *O jogo – a bíblia da sedução* [The game], livro campeão de vendas sobre a arte da sedução. "Na verdade", con-

—

1. Alex Manley, "How To Arouse a Woman", AskMen.com, 25 de novembro de 2019, askmen.com.

2. *Pick-up-artists* (PUA) no original; refere-se a homens que adotam um conjunto de estratégias preestabelecidas voltadas à sedução de mulheres e geralmente as ensinam a outros homens em comunidades on-line. (N.T.)

tinua Strauss, "mostre a ele um abacate sem caroço e ele estará pronto para agir". As mulheres, por outro lado, "não são persuadidas com tanta facilidade por imagens e conversas sem rodeios".[3] Elas, ao que parece, precisam de persuasão, e isso leva tempo. Homens são rápidos; mulheres, lentas.

É lugar-comum enquadrar a sexualidade masculina e feminina em dois campos distintos e explicar essas diferenças em termos evolutivos. Os homens têm mais motivação sexual, diz o argumento, dado seu longo histórico evolutivo espalhando sementes. O sexo desempenha um papel menos central ou urgente – na verdade, menos *sexual* – na experiência das mulheres, pois sua história evolutiva as motiva a encontrar parceiros confiáveis para a intimidade, a segurança e a responsabilidade necessárias na criação dos filhos. Existe nos homens uma energia sexual profunda, irracional, até pré-racional; em contrapartida, a sexualidade ocupa uma posição *externa* às mulheres, separada de sua pessoalidade, acionada apenas de modo instrumental ou estratégico, a serviço de outros objetivos mais elevados (tais como a maternidade).

Na verdade, especulações em torno da história evolutiva não ditam ou justificam comportamentos sexuais em particular.[4] Sua prevalência em discussões sobre sexo atuam como uma racionalização – com um toque de status científico – dos arranjos sexuais e sociais contemporâneos. E essa concepção demasiado binária da sexualidade masculina e feminina está intimamente ligada a uma visão de violência masculina como algo inevitável. Em *O jogo*, Strauss reflete sobre a ética das técnicas um tanto manipuladoras que ele e seu sócio Mystery (existem muitos apelidos ridículos no mundo dos *coaches* de sedução) ensinam a homens desajeitados e com pouco traquejo social. Ele racionaliza com muito cuidado: "Como qualquer pessoa que lê jornais ou livros sobre crimes reais sabe, um percentual significativo de crimes violentos, de sequestros a tiroteios, resulta de impulsos e desejos sexuais frustrados de indivíduos masculinos." Ao

—

3. Neil Strauss, *The Game: Undercover in the Secret Society of Pickup Artists*,Canongate, p. 63, 2005.

4. Ver Rachel O'Neill, "Feminist Encounters with Evolutionary Psychology", *Australian Feminist Studies*, 30(86), pp. 345-50, 2015, e Amanda Denes, "Biology as Consent: Problematizing the Scientific Approach to Seducing Women's Bodies", *Women's Studies International Forum*, p. 34, pp. 411-19, 2011.

"socializar" esses tipos, "Mystery e eu tornamos o mundo um lugar mais seguro".[5] Os homens precisam de uma válvula de escape sexual, sem a qual se tornam violentos.

Em 2014, antes de matar seis pessoas e ferir outras quatorze perto da Universidade da Califórnia, no campus Santa Barbara, Elliot Rodger, de 22 anos de idade, disse em um vídeo, no YouTube: "Não sei por que vocês, mulheres, não se sentem atraídas por mim, mas todas vão pagar por isso... É um imenso prazer massacrar todas vocês... Vocês não me deixaram ter uma vida feliz, pois eu não vou deixar vocês terem vida nenhuma, é justo... Vou castigar todas as mulheres pelo crime de me deixar sem sexo." Como escreveu Chanel Miller, em *Eu tenho um nome* – Miller era aluna do mesmo campus na época do massacre desencadeado por Rodger –, "sexo era um direito dele e uma responsabilidade nossa".[6]

As mulheres devem sexo aos homens, nem que seja para evitar a violência que pode cruzar seu caminho caso se neguem. Quando R. Kelly apareceu no tribunal, em 2019, sob dez acusações de abuso sexual qualificado contra meninas adolescentes, os advogados do cantor disseram aos jornalistas que Kelly não tinha abusado sexualmente de mulher nenhuma, pois "ele é uma estrela do rock. Ele não precisa de sexo não consensual".[7] Se os homens cometem atos violentos somente quando motivados por um ímpeto sexual frustrado, não saciado, então é dever das mulheres fazer sexo com eles. Portanto, a crença de que homens estupram motivados por um impulso sexual travado justifica a coerção de mulheres ao sexo a fim de evitar o próprio estupro, ou o de outra mulher.

Nem todo homem que adere à visão do desejo masculino como uma força profunda adere a rompantes misóginos ou assassinos, ou abusam de mulheres jovens. Todavia, se é verdade que se na era contemporânea não se acredita mais na "economia espermática", ainda é comum ouvir equivalentes modernos da visão de que a proximidade física com uma mulher sem fazer sexo com ela deixa um homem "tenso até o ponto do esgota-

—

5. Strauss, *The Game*, p. 95.

6. Chanel Miller, *Know My Name*, p. 90.

7. Edward Helmore, "R Kelly: Judge sets $1m bail for singer on sexual abuse charges", *Guardian*, 23 de fevereiro de 2019, the guardian.com.

mento, até mesmo à beira de uma violência incontrolável"[8] – palavras de Andrew Jackson Davis, em 1874. Mithu Sanyal fala do "modelo caldeira a vapor" de sexualidade masculina; um modelo segundo o qual o desejo de um homem é, como um motor superaquecido, incapaz de desligar – e uma mulher deve ter cuidado caso o aqueça e não "vá até o fim". Cuidado com o quê? Com a violência inevitavelmente direcionada a ela, a violência que ela falhou em evitar. A visão do desejo sexual masculino como um impulso biológico pode, como diz Emily Nagoski, em *A revolução do prazer*, se tornar "tóxica, rapidamente".[9]

Uma reação a esse triste estado de coisas tem sido insistir que as mulheres, *assim como os homens*, têm um desejo profundo, libidinal, urgente; que, em essência, elas são tão libidinosas quanto os homens. Se as mulheres querem igualdade no que diz respeito ao sexo, então a própria luxúria delas precisa ser reconhecida e acolhida. Mas a liberação sexual das mulheres – sua emancipação – depende de sua sexualidade ser igual à dos homens? Na sexologia do pós-guerra, a resposta para essa pergunta era clara: igualdade sexual reside na similaridade.

William Masters e Virginia Johnson viriam a se tornar dois dos sexologistas mais influentes do período pós-guerra. Nos anos 1950 e 1960 eles estavam ocupados, de modo um tanto furtivo –, fixando eletrodos em voluntários e voluntárias, em um laboratório da Washington University, em St. Louis. A partir disso, examinaram os processos fisiológicos de seus sujeitos (tais como ritmo cardíaco e temperatura) durante o ato sexual. Juntos, observaram indivíduos e casais se masturbando, com ou sem um vibrador mecânico; fazendo sexo em diferentes posições; em "coito artificial" com um falo transparente – um pênis de vidro (chamado comicamente de Ulysses) – ou com estimulação apenas dos seios, sem qualquer contato genital. Uma câmera e uma luz, acopladas ao pênis de vidro, registravam o que acontecia dentro da vagina durante um orgasmo feminino.

---

8. Andrew Jackson Davis, The Genesis and Ethics of Conjugal Love, p. 28. Colby & Rich 1874 [1881].

9. Emily Nagoski, *Come As You Are: The Surprising Science That Will Transform Your Sex Life*, p. 232 Scribe, 2015.

Masters e Johnson conduziram a pesquisa em uma época em que o duplo padrão moral em relação ao sexo era feroz. Era um período de intenso conservadorismo pós-guerra nos Estados Unidos, no qual as obrigações domésticas, familiares e maternais das mulheres eram enfatizadas à exaustão. Naquela época, a palavra "grávida" ainda era passível de censura nos programas de televisão. O livro de Masters e Johnson, *A resposta sexual humana*, publicado em 1966,[10] escrito propositalmente em linguagem técnica e em estilo maçante ("o fator estimulante tem importância significativa no estabelecimento de incremento suficiente à tensão sexual"), teve a primeira edição esgotada (15 mil exemplares) em três dias e figurou na lista dos mais vendidos do *New York Times* por seis meses – a despeito, ou graças ao fato, de Masters e Johnson terem persuadido a imprensa a adiar a cobertura da pesquisa até a publicação. Os resultados foram explosivos, levando o crítico Albert Goldman a demorar-se em uma análise desconfortável da "imagem mais indigesta" do livro, "aquela de uma mulher transando consigo mesma com o auxílio de uma máquina".[11]

No centro de suas descobertas estava a proposta do Ciclo da Resposta Sexual Humana: um ciclo do ato sexual que se supunha universal, identificado em homens e mulheres. Consistia em quatro fases – excitação, orgasmo, platô e resolução. Significativos, também, eram a importância crucial do clitóris para o prazer feminino (talvez fosse, inclusive, seu fator determinante) e o fato de a vagina e o clitóris serem interrelacionados e mutuamente sensíveis. Masters e Johnson não foram os primeiros sexologistas do século XX a enfatizar o clitóris; Alfred Kinsey, em *Sexual Behavior in the Human Female* [O comportamento sexual na mulher], publicado em 1953, sugerira, com base em seu exame da literatura de medicina e anatomia, que o clitóris era o centro da sexualidade feminina. Entretanto, ele também argumentara que a vagina era deficiente em nervos e, portanto, igualmente em sensibilidade – em grande medida, numa tentativa de desbancar o que havia se tornado uma veneração do orgasmo vaginal. Masters e Johnson, por sua vez, basearam suas conclusões em observação direta,

—
10. William H. Masters e Virginia E. Johnson, *Human Sexual Response*, Bantam Books, 1966.

11. Citado em Thomas Maier, *Masters of Sex: The Life and Times of William Masters and Virginia Johnson, The Couple who Taught America How to Love*, p. 173, Basic Books, 2009.

alegando que os orgasmos mais intensos das mulheres ocorriam não por meio da relação sexual com um homem, mas pela masturbação, quando elas podiam controlar o tipo e a intensidade da estimulação. Ao contrário de Kinsey, Masters e Johnson insistiam que a vagina tinha alto grau de sensibilidade e que apresentava alterações efetivas em função da excitação sexual e em função tanto da penetração peniana quanto da estimulação do clitóris.

Muitas mulheres não viram surpresa alguma nessas "descobertas" – que tanto o clitóris quanto a vagina podem ser fontes de intenso prazer. Apesar disso, a consagração desses achados dentro de uma obra com suporte científico foi um momento significativo. As implicações dessas descobertas – a dispensabilidade do sexo vaginal e, talvez, até dos homens – foram chocantes; porém, Masters e Johnson podem ter mitigado seu impacto (talvez, de modo estratégico) ao insistir que as sexualidades masculina e feminina eram, em essência, análogas. Eles ressaltaram essa semelhança em dois níveis. O primeiro era o da fisiologia.[12] Ereção e lubrificação eram, em essência, o mesmo processo; ejaculação e orgasmo, também. A progressão dentro do ciclo de resposta sexual era idêntica para homens e mulheres, e tanto eles quanto elas exibiam, rumo ao orgasmo, um aumento do ritmo cardíaco e da temperatura, além de alterações no tônus e na cor da pele, com contração dos músculos e ruborização. A respiração acelerava à medida que o orgasmo se aproximava, e homens e mulheres exibiam semelhante grau de contração muscular durante o orgasmo.

A segunda zona de semelhança era o nível de desejo; Masters e Johnson tentaram colocar as necessidades sexuais femininas em pé de igualdade com as masculinas, e fizeram isso invocando – ou melhor, supondo – um impulso biológico por sexo compartilhado por ambos. Repetiram reiteradas vezes, explícita e implicitamente, que mulheres tinham apetites, potenciais e desejos sexuais. Fizeram analogias explícitas e implícitas entre o potencial e as necessidades do pênis e do clitóris. E, assim como nenhum

---

12. Ver Masters e Johnson e, também, Paul Robinson, *The Modernization of Sex*, Harper & Row, 1976; Ruth Brecher e Edward M. Brecher (orgs.), *An Analysis of "Human Sexual Response"*, Deutsch, 1967; Ross Morrow, *Sex Research and Sex Therapy: A sociological Analysis of Masters and Johnson*, Routledge, 2008, Leonore Tiefer, *Sex is not a Natural Act and Other Essays*, Westview Press, 2004.

homem esperaria sexo sem o estímulo do pênis, nenhuma mulher deveria esperar ou tolerar sexo sem atenção ao clitóris. Em vez de ver o clitóris como um pequeno pênis – um primo pobre daquele órgão mais exibicionista –, a analogia de Masters e Johnson entre os dois era um pano de fundo para a importância do clitóris. Eles atribuíam a ele um significado fálico.

Masters e Johnson, na verdade, insistiam na similaridade até quando seus achados apontavam para um quadro mais complexo. De acordo com a pesquisa conduzida por eles, as mulheres eram inclusive *mais* ávidas e sexuais do que os homens, uma vez que a intensidade do prazer e do orgasmo atingido por estimulação do clitóris superava a que os homens obtinham com o pênis, e levando-se em conta o fato de que as mulheres, ao que parecia, tinham a capacidade de atingir orgasmos múltiplos, sustentando níveis quase orgásticos por muito mais tempo antes do período refratário. Portanto, ao menos em princípio, as mulheres dispunham de uma maior capacidade fisiológica para o sexo do que os homens. Mas os sexologistas não se debruçaram sobre essas assimetrias ou fizeram novas inferências a partir delas. Para eles, a ideia da diferença entre homens e mulheres – do ponto de vista fisiológico – estava ultrapassada, associada a modelos psicanalíticos conservadores de sexualidade que subordinavam o prazer das mulheres ao dos homens. Para Masters e Johnson, o progressismo sexual dependia da semelhança. Igualdade era similaridade – um argumento político comprovado pela ciência do desejo.

Masters e Johnson não se autodeclaravam feministas; eles situavam seus achados, sem dúvida, no âmbito tradicional da monogamia heterossexual e do casamento. Ainda assim, resistiam às velhas ortodoxias que cerceavam a sexualidade das mulheres. Na primeira metade do século XX, uma miríade de especialistas antecipou uma visão da sexualidade da mulher como algo profundamente – quase metafisicamente – distinta da dos homens. A partir dos anos 1910, em particular, uma nova geração de especialistas em casamento escrevia orientações para casais – orientações que enfatizavam o prazer de modo indissociável dos laços maritais e sociais. Esses textos invocavam uma diferença gritante nas sexualidades de homens e mulheres. "As sensações sexuais de um homem são despertadas de modo fácil e rápido, e logo saciadas", escreveu Helena Wright, em 1930, no livro *The Sex Factor in Marriage*

[O fator sexual no casamento],[13] enquanto "os desejos da mulher, por outro lado, não são nem despertados nem satisfeitos com rapidez" – e noites de núpcias desajeitadas e traumáticas podiam comprometer para sempre o potencial sexual de uma mulher. A função do prazer feminino era frágil e perigosa; alguns autores se esforçavam para encontrar um equilíbrio entre a sexualidade feminina como algo livre (talvez disruptiva e desenfreada) e domesticada (talvez reprimida). Uma esposa tem "potencial para um apetite sexual ávido", escreveu um sexologista, em 1937, e é "privilégio" do marido "excitar e manter" esse apetite, com paciência e ternura.[14] O prazer de uma mulher tinha de ser despertado por um marido habilidoso, atento; ele precisava satisfazer o desejo feminino com cuidado, conduzindo sua mulher pelas águas turbulentas do desejo – ele, o professor; ela, a discípula. Esses livros abriam espaço para o prazer sexual feminino – na verdade, o celebravam –, mas tentavam abrigá-lo dentro das normas da heterossexualidade, da feminilidade e da maternidade. Sem o devido cuidado, a frigidez e a ninfomania eram os dois resultados possíveis.[15]

Um neofreudismo conservador intensificou a ansiedade em torno dos extremos potenciais da sexualidade feminina. Freud é apontado como culpado em análises desse estado de coisas, mas ele não via a heterossexualidade como algo normal ou inevitável. Para Freud, a heterossexualidade reprodutiva não era uma inevitabilidade biológica, e sim um complexo processo de desenvolvimento. Tanto em homens quanto em mulheres, argumentava ele, o desejo heterossexual era adquirido, não inato – e era adquirido com dificuldade, e sempre de modo condicional. A sexualidade feminina em Freud era instável e repleta de ambiguidade. A difícil transi-

---

13. Helena Wright, *The Sex Factor in Marriage*, Williams & Norgate, 1955 [1930].

14. M. Huhner, *The Diagnosis and Treatment of Sexual Disorders in the Male and Female, Including Sterility and Impotence*, FA Davis, 1937.

15. Ver para esses temas: Katherine Angel, "The History of 'Female Sexual Dysfunction' as a Mental Disorder in the Twentieth Century", *Current Opinion in Psychiatry*, 23(6) pp. 536-41, 2010; Hera Cook, *The Long Sexual Revolution: English Women, Sex and Contraception in England* pp. 1800-1975,Oxford University Press, 2004; Peter Cryle e Alison Moore, *Frigidity: An Intellectual History* (Palgrave, 2011); Peter Cryle: "A Terrible Ordeal from Every Point of View (Not) Managing Female Sexuality on the Wedding Night", *Journal of the History of Sexuality*, 18(1), pp. 44-64, 2009.

ção da sexualidade do clitóris para a vaginal, assim como a luta para desvincular a própria libido da mãe e associá-la ao pai e aos homens, não era algo inevitável ou que Freud aclamava de modo inequívoco ou consistente, ao contrário de alguns de seus futuros discípulos. Em sua análise desse momento instável, ele situava a menina, por um tempo indefinido, *fora* das categorias sexuais. Uma jovem existe, durante algum tempo, como afirma Jane Gerhard em *Desiring Revolution* [A revolução do desejo], "entre identidades sexuais";[16] nem puramente masculina ou feminina, nem homossexual ou heterossexual, mas talvez tudo a um só tempo.[17]

Os discípulos de Freud eram mais prescritivos e tinham mais certezas do que ele. A psicanálise, nas mãos de Karl Abraham, Marie Bonaparte, Karen Horney, Eduard Hitschmann e Edmund Bergler descrevia a feminilidade natural como algo que envolvia um desejo pelo sexo vaginal, pela domesticidade e pela maternidade. Uma feminilidade saudável requeria orgasmo vaginal, ao passo que uma sexualidade imatura privilegiava o prazer pelo clitóris, por sua vez associado a sinais de uma suposta masculinidade ou a uma recusa da feminilidade, tais como a lesbianidade, a militância feminista ou o desejo de buscar educação ou trabalho fora de casa. Para esses neofreudianos, a repressão do clitóris e a maturação vaginal eram a base da feminilidade propriamente dita.[18]

É compreensível que essas considerações em torno da sexualidade feminina tenham sido alvo de intensa hostilidade ao longo de décadas. Refutá-las foi fator central para o movimento de mulheres emergente entre os anos 1960 e 1970 – um movimento que se fortalecia na época das publicações de Masters e Johnson e que recebia as descobertas desses sexologistas com

---

16. Jane Gerhard, *Desiring Revolution: Second-Wave Feminism and the Rewriting of American Sexual Thought, 1920 to 1982*, p. 31, Columbia University Press, 2001).

17. Ver Sigmund Freud, *Three Essays on the Theory of Sexuality* (1962, *Standard Edition Volume 7*, primeira edição em 1905).

18. Karl Abraham, "Manifestations of the Female Castration Complex", in *Selected Papers on Psychoanalysis*, Hogarth), pp. 335-69, 1920; Marie Bonaparte, *Female Sexuality* (Grove, 1953); Eduard Hitschmann e Edmund Bergler, *Frigidity in Women: Its Characteristics and Treatment, Nervous and Mental Diseases Publications*, 1936; Karen Horney, "The Flight from Womanhood: The Masculinity Complex in Women as Viewed by Men and by Women", *International Journal of Psycho-analysis*, 7, pp. 324-39, 1926.

grande entusiasmo. Durante algum tempo, a sexologia de Masters e Johnson, que observava e analisava os prazeres sexuais das mulheres, abrindo caminho para estatísticas dos orgasmos atingidos a partir da estimulação do clitóris, tornou-se um dos recursos centrais do aparato feminista.

Nem todas as feministas, no entanto, engrossaram o coro das que proclamavam com euforia o potencial revolucionário do prazer sexual ou o significado libertário do clitóris. Feministas negras, como Frances Beal, Linda La Rue e bell hooks ressaltaram, com razão, que as feministas brancas não conseguiam reconhecer os privilégios implícitos na visão da sexualidade como uma fonte primária de identidade.[19] Um complicador na dedicação do feminismo negro ao prazer sexual era, argumentavam elas, o histórico odioso de exploração sexual e econômica de mulheres negras, o uso experimental dos corpos de mulheres pobres, como no teste de pílulas anticoncepcionais em mulheres porto-riquenhas, e a esterilização forçada de mulheres negras.

Mas a sexologia ainda atraía feministas, como Anne Koedt e Ti-Grace Atkinson, que viam um grande potencial emancipatório no trabalho de Masters e Johnson.[20] Em "O mito do orgasmo vaginal", um ensaio curto, porém muito influente (a princípio distribuído em cópias mimeografadas, depois amplamente antologizado), Koedt escreveu que se certas posições sexuais que são definidas como "padrão" não conduzem ao orgasmo mútuo, portanto não deveriam "mais ser definidas como padrão". O orgasmo pela estimulação do clitóris evidenciava que o prazer sexual podia ser proporcionado tanto por mulheres quanto por homens, tornando a heterossexualidade "não absoluta, mas uma opção". Uma vez que homens, escreveu ela, "têm orgasmos sobretudo a partir da fricção com a vagina", não com a área do clitóris, as mulheres, por conseguinte, "têm sido definidas levando em conta o que satisfaz os homens".

—

19. Frances M. Beal, "Double Jeopardy: To be Black and Female", in Robin Morgan (org.) *Sisterhood is Powerful*, Vintage, pp. 383-96, 1970); Linda La Rue, "The Black Movement and Women's Liberation", em Beverly Guy-Sheftall (org.), *Words of Fire: An Anthology of African-American Feminist Thought*, Free Press, 1995. O texto de La Rue data de 1971.

20. Anne Koedt, "The Myth of the Vaginal Orgasm", em Anne Koedt e Shulamith Firestones (orgs.), *Notes from the Second Year*, New York Radical Feminists, 1970. (Uma primeira versão foi publicada em *Notes from the First Year* em 1968; a segunda versão foi ampliada); Ti-Grace Atkinson, "The Institution of Sexual Intercourse", em Koedt e Firestone, *Notes from the Second Year*.

As implicações eram profundas. Os homens, sugeria Koedt, "na verdade, temem o clitóris como uma ameaça à sua masculinidade". Ela não estava errada. O escritor e *playboy* belicoso Norman Mailer, em *The Prisoner of Sex* [O prisioneiro do sexo], dedicou bastante atenção aos novos escritos feministas, alguns dos quais – como *Sexual Politics* [Política sexual], de Kate Millett – o criticavam e faziam uso dos achados de Masters e Johnson. Em sua prosa característica, rebuscada e autocentrada, Mailer admitia uma nova "raiva da plenitude onipresente do orgasmo da mulher, com aquele pau de plástico, aquele dildo de laboratório, aquele vibrador!".[21] Ele sentia, confessou, "quase uma nostalgia em relação às pomposas certezas freudianas dos anos cinquenta" – a certeza de que a estimulação do clitóris e a inabilidade de se atingir o orgasmo através do coito eram sinais de uma feminilidade falha.

É curioso que a hostilidade de Mailer direcionada a Masters e Johnson tenha antecipado futuras leituras feministas sobre a influência dos sexologistas. Enquanto feministas proeminentes dos anos 1970 se alinhavam aos sexologistas, Mailer observava a dupla com um olhar inquisidor, atento às ilusões em meio às esperanças, de olho no que havia de sinistro dentro do clínico e no que se perdia com aquela abordagem. "A América está dominada por um bando de cientistas semimaníacos", escreveu ele, "homens que não sabem nada sobre o ato da criação". Ele fala com veemência das condições do laboratório de pesquisa e da "paralisia de todos os sentidos que pode ter atingido as mulheres, deitadas ali, com a vagina aberta, desacordadas como moscas mortas, expostas àquela averiguação, sob o escrutínio do olhar estéril do investigador". Mailer não foi o único a suspeitar daquela quantificação do sexo, mecanicista e atrelada à tecnologia. Dana Densmore, membro da Cell 16, um grupo feminista adepto do separatismo, criticava a liberação sexual; o "direito" das mulheres de sentir prazer com o próprio corpo estava, afirmava ela, se tornando uma obrigação.[22] O foco genital dessa liberação sexual era uma manobra enganosa; as descobertas

---

21. Norman Mailer, *The Prisoner of Sex*, p. 76, Weidenfeld & Nicholson, 1972 [1971]. Citações subsequentes de Mailer: p. 198, p. 76.

22. Dana Densmore, "Independence from the Sexual Revolution", *No More Fun and Games: A Journal of Female Liberation* (1971), reimpresso em Koedt, Levine e Rapone, *Radical Feminism*, pp. 107-18, p. 110.

de Masters e Johnson em torno da capacidade feminina para os orgasmos múltiplos sugeriam que a liberação de uma mulher era tanto psicológica quanto física. As mulheres buscam mais do que sexo; "o que realmente queremos é proximidade, comunhão, talvez um tipo de autoesquecimento".²³ Esse é um tema que, como veremos, acaba de voltar à tona.

Nos anos 1990, a crítica a Masters e Johnson veio de dentro da própria sexologia. O casal teve, e ainda tem, enorme influência. Em 1980, o ciclo da resposta sexual humana (HRSC) foi incorporado, mais ou menos na íntegra, ao DSM III – o Manual de Diagnóstico e Estatística da Associação de Psiquiatria, que elenca transtornos e coordena diagnósticos médicos e coberturas de planos de saúde no sistema de saúde estadunidense, além de ter papel crucial na coordenação de pesquisas internacionais. O DSM III classificou disfunções sexuais com base no ciclo da resposta sexual humana,²⁴ e os desvios do modelo linear – que passaram a incluir, graças à contribuição dos sexologistas Helen Singer Kaplan e Harold Lief, o desejo como um estágio inicial – sugeriam uma disfunção. Os métodos de terapia sexual de Masters e Johnson eram baseados no HSRC, voltados sobretudo a ajudar pacientes na superação de problemas com ansiedade e inibições, e serviram de modelo na área por muitas décadas subsequentes.

Nos anos 1990, no entanto, a expansão da prescrição de drogas psicofarmacêuticas causava consternação na área, assim como ocorria em relação à influência do DSM. O Prozac, o antidepressivo ISRS²⁵ mundialmente bem-sucedido, estava se tornando um símbolo não só da prescrição indiscriminada, mas da "medicalização" de dificuldades comuns da vida ou de

---

23. Densmore, op. cit. p. 114.

24. Ver Katherine Angel, "Contested Psychiatric Ontology and Feminist Critique: 'Female Sexual Dysfunction' and the Diagnostic and Statistical Manual", *History of the Human Sciences*, 25(3), pp. 3-24, 2012.

25. Inibidor seletivo da recaptação de serotonina. (N.T.)

fenômenos sociais, através do poderio preocupante do DSM, da Big Pharma e do advento da publicidade de remédios direcionada ao consumidor. A indústria farmacêutica, com marketing brutal e táticas lobistas,[26] além de práticas por vezes obscuras no que se refere aos estudos de eficácia e segurança, era cada vez mais investigada e declarada insatisfatória. Instalou-se um clima de profundo ceticismo, com muitos livros publicados sobre os problemas do DSM e da psiquiatria farmacêutica[27] – uma psiquiatria que, supõe-se, nos convence de que estamos deprimidos, quando, na verdade, estamos de luto, ou de que temos TDAH (Transtorno de Déficit de Atenção com Hiperatividade) quando, na verdade, somos superestimulados pela tecnologia; uma psiquiatria que encoraja indivíduos a se considerarem disfuncionais, a serviço do consumo farmacêutico.

O Viagra também estava intrincado nesses debates e preocupações.[28] A droga mais famosa da Pfizer, licenciada em 1998, para disfunção erétil, foi um sucesso tão grande para a empresa que desencadeou uma corrida farmacêutica para testar o próprio Viagra e outros componentes similares

—

26. Ver David Healy, *The Creation of Psychopharmacology*, Harvard University Press, 2002.

27. Peter Kramer, *Listening to Prozac*, Viking, 1997; David Healy, *The Anti-Depressant Era*, Harvard University Press, 1997; A. V. Horwitz e J. C. Wakefield, *The Loss of Sadness: How Psychiatry Transformed Normal Sorrow into Depressive Disorder*, Oxford University Press, 2007; S. A. Kirk e H. Kutchins, *The Selling of DSM: The Rhetoric of Science in Psychiatry*, Walter de Gruyter, 1992; H. Hutchins e S. A. Kirk, *Making us Crazy: DSM – The Psychiatric Bible and the Creation of Mental Disorders*, Constable, 1997; R. Moynihan e A. Cassels, *Selling Sickness: How the World's Biggest Pharmaceutical Companies Are Turning Us All into Patients*, Nation Books, 2005.

28. Ver J. Drew, "The Myth of Female Sexual Dysfunction and Its Medicalization", *Sexualities, Evolution and Gender 5*, 2003, pp. 89-96; J. R. Fishman, "Manufacturing Desire: The Commodification of Female Sexual Dysfunction", *Social Studies of Science*, 2004, p. 34, pp. 187-218; H. Hartley, "'Big Pharma' in our Bedrooms: An Analysis of the Medicalisation of Women's Sexual Problems", *Advances in Gender Research: Gender Perspectives on Health and Medicine*, 2003, 7, pp. 89-129; E. Kaschak e L. Tiefer (org.), *A New View of Women's Sexual Problems* (Haworth Press, 2001); M. Loe, *The Rise of Viagra: How the Little Blue Pill Changed Sex in America* (New York University Press, 2004); R. Moynihan e B. Mintzes, *Sex, Lies, and Pharmaceuticals: How Drug Companies Plan to Profit from Female Sexual Dysfunction*, Greystone Press, 2010; A. Potts, "The Essence of the Hard-on: Hegemonic Masculinity and the Cultural Construction of 'Erectile Dysfunction'", *Men and Masculinities*, 3(1), pp. 85-103, 2000. Ver também E. Laan, R. H. van Lunsen, W. Everaerd, A. Riley, E. Scott, M. Boolell, "The Enhancement of Vaginal Vasocongestion by Sildenafil in Healthy Premenopausal Women", *J of Women's Health and Gender-Based Medicine* 11, pp. 357-65, 2002.

em mulheres; a esperança era que, assim como nos homens, também nelas uma droga vasocongestiva que aumentasse a dilatação, o fluxo sanguíneo e o volume, talvez resultasse em uma saída bem-sucedida para problemas sexuais femininos – problemas que, com o Viagra em cena, foram considerados subestimados e com necessidade urgente de uma panaceia semelhante.

No fim das contas, essas drogas foram um completo fracasso nas mulheres; para início de conversa, um aumento na lubrificação vaginal parecia ter muito pouco impacto no desejo feminino pelo sexo. Outras possibilidades foram formuladas com empolgação, mantendo-se o foco no cérebro e nos hormônios: Intrinsa, um adesivo de testosterona (licenciado na Europa, mas não nos Estados Unidos), um gel de testosterona chamado LibGel e, mais recentemente, Flibanserin, um antidepressivo ineficaz atuante na serotonina e na dopamina. A curta carreira do Flibanserin tem sido tumultuada; depois de, em um primeiro momento, não satisfazer os critérios do FDA,[29] foi licenciado com muita controvérsia em 2015; relançado como Addyi, enfrentou vendas pífias devido aos efeitos colaterais onerosos que muitas companhias de seguro se recusavam a cobrir.[30]

Críticos dentro e fora da sexologia passaram cada vez mais a perguntar se a procura por um Viagra "feminino" não era, na verdade, uma forma de medicamentar algo bem mais complexo e relacional. Perguntaram-se, também, se o modelo de desejo e do ciclo da resposta sexual humana, pressuposto no DSM, não continha, na verdade, falhas importantes. Segundo esse modelo, o sexo se inicia no desejo, evolui para a excitação e, por fim, leva ao orgasmo. Mulheres sem esse acesso fácil ao próprio desejo eram vistas como casos patológicos de disfunção sexual; o DSM efetivamente definia como patológicas quaisquer interrupções ocorridas nesse processo tido como universal. Um dos critérios centrais para TDSH – Transtorno do Desejo Sexual Hipoativo, que podia se aplicar tanto a homens quanto a mulheres e era foco de muito

—

29. Federal Drug Administration, órgão governamental estadunidense responsável pelo controle de alimentos, medicamentos, cosméticos e outros produtos nos Estados Unidos. (N.T.)

30. Ver Weronika Chanska and Katarzyna Grunt-Mejer, "The Unethical Use of Ethical Rhetoric: The Case of Flibanserin and Pharmacologisation of Female Sexual Desire", *J Medical Ethics*, 0: pp. 1-4, 2016.

debate – eram as "fantasias sexuais deficientes (ou ausentes) e o fato de o desejo pela atividade sexual" causar "aflição considerável ou dificuldades interpessoais". Em outras palavras, a falta do desejo espontâneo de fazer sexo ou a inexistência de fantasias sexuais. Pesquisadores do sexo, contudo, argumentavam que muitas mulheres relatam não ter fantasias sexuais de modo recorrente e muitas encaram o desejo não como um evento espontâneo, mas como um estado que surge *em resposta* a estímulos e à excitação.

Os métodos de Masters e Johnson tinham, no fim das contas, viciado os dados. Os indivíduos que eles analisaram – majoritariamente brancos, de classe média alta e com altos níveis de educação, selecionados na Washington University – eram, por definição, já ativos sexualmente. Eram também propensos a ter alto grau de desejo sexual e baixa inibição, uma vez que precisavam estar aptos a fazer sexo e a se masturbar em condições de laboratório, sob o olhar dos pesquisadores. Eles podem também ter sido escolhidos pela habilidade de descrever suas reações sexuais: William Masters disse, uma vez, que "para descobrir o que acontece", era preciso "trabalhar com aqueles a quem a coisa acontece".[31] Ao deixar de incluir participantes que não sentiam desejo sexual com facilidade ou que não se sentiam confortáveis nas condições da pesquisa, o trabalho abriu caminho para uma definição "universal" de normalidade sexual que pressupunha uma passagem suave do desejo espontâneo para a excitação e o orgasmo.

Não obstante, o desejo é algo incrivelmente variável dentro das populações. Estudos em diferentes países sugerem que a falta de desejo ou de interesse é a reclamação mais frequente entre as mulheres – ocorre em uma dentro de cada grupo de duas a quatro mulheres, ou em um terço das entrevistadas, o que a torna duas vezes mais comum nelas do que nos homens.[32] Nas palavras de Leonore Tiefer, o ciclo da resposta sexual de

—

31. N. Lehrman, *Masters and Johnson Explained*, Playboy Press, p. 170, 1970.

32. Ver M. E. McCool et al., "Prevalence of Female Sexual Dysfunction among Premenopausal Women: A Systematic Review and Meta-analysis of Observational Studies", *Sexual Medicine Reviews*, 4(3), pp. 197-212, 2016; J. L. Shifren et al., "Sexual Problems and Distress in United States Women: Prevalence and Correlates", *Obstetrics and Gynecology*, 112(5), pp. 970-8, 2008; Lucia O'Sullivan et al., "a Longitudinal Study of Problems in Sexual Function and Related Sexual Distress among Middle to Late Adolescents", *Journal of Adolescent Health*, 59(3), pp. 318-24, 2016. Ver também Katherine Rowland, *The Pleasure Gap: American Women and the Unfinished Sexual Revolution*, Seal Press, 2020.

Masters e Johnson, contudo, sugeria "a operação de um programa inato, como no funcionamento de um relógio mecânico,"[33] sendo desejo o estado inicial que aciona todo o processo.

O entendimento clássico em torno do desejo sexual é o de que se trata de um impulso biológico, como a fome ou o sono. Quando sentimos fome ou cansaço, somos forçados por um estado interno desagradável a seguir um impulso a fim de recobrar um padrão fisiológico que não seja mais desagradável (e, em casos extremos, ameaçador). Todavia, seria esse o melhor entendimento para o desejo? Alguns pesquisadores contemporâneos acham que não e argumentam que, diferente da fome ou da sede, o desejo não opera em um modelo de privação. Às vezes, ele até pode *parecer* um impulso – como dor ou fome, atingindo-nos com uma urgência desconfortável – mas não é; é excitação em um contexto favorável ao desejo.[34]

Esse novo entendimento surgiu a partir de vários pesquisadores.[35] Nos anos atribulados que antecederam a quinta edição revisada do DSM, em 2013, pesquisadoras como Cynthia Graham e Lori Brotto, que integravam o comitê supervisor das mudanças do manual, estavam preocupadas com o entendimento de que muitos aspectos relacionados às mulheres eram patológicos. Para começar, alterações de curto prazo na função sexual podem ser reações, adaptativas e compreensíveis, a fatores estressantes, tais como ansiedade, depressão, disparidades em termos de trabalho e assistência, experiências de abuso e de violência, problemas com a autoimagem e assim por diante. Além disso, o modelo linear – do desejo à excitação e ao orgasmo – pode não se aplicar de modo claro às mulheres. Esse modelo linear é, com efeito, aquele presumido em inúmeras cenas de sexo ligeiro e eficiente

---

33. L. Tiefer, *Sex is Not a Natural Act and Other Essays*, capítulo 4.

34. Nagoski, *Come As You Are*, capítulos 6 e 7.

35. Ver Lori Brotto, "The DSM Diagnostic Criteria for Hypoactive Sexual Desire in Women", *Archives of Sexual Behavior*, pp. 221-39, 2010; Marta Meana, "Elucidating Women's (Hetero) Sexual Desire: Definitional Challenges and Content Expansion", *Journal of Sex Research*, 47(2-3), pp. 104-22, 2010; C. A. Graham, S. A. Sanders, R. Milhausen, & K. McBride, "Turning On and Turning Off: A Focus Group Study of the Factors That Affect Women's Sexual Arousal", *Archives of Sexual Behavior*, 33, pp. 527-38, 2004. Ver também C. A. Graham, p. M. Boynton, K. Gould, "Women's Sexual Desire: Challenging Narratives of 'Dysfunction'", *European Psychologist*, 22(1), pp. 27-38, 2017.

entre homens e mulheres no cinema e na televisão. O desejo está lá; então, rolam umas carícias, a inserção de um pênis, alguns gemidos ofegantes e um orgasmo mútuo, agradável e eufórico.

A percepção de que as mulheres sofrem, em especial, de pouco desejo pode se basear em uma incapacidade de se distinguirem dois tipos diferentes de desejo: o desejo espontâneo e o desejo responsivo, sendo esse – o desejo descrito em AskMen na abertura deste capítulo – mais comum em mulheres. Rosemary Basson,[36] a influente diretora do Centro de Medicina Sexual da University of British Columbia, tem ressaltado essa ideia nas últimas duas décadas, com base em seu trabalho com pacientes. O desejo espontâneo – a sensação de um anseio e a avidez por experiências sexuais – é menos consistente em uma mulher, que pode não estar pensando "eu quero fazer sexo", mas pode estar aberta à ideia. O desejo pode surgir se as condições forem adequadas. Nessa situação, uma mulher sente primeiro a excitação, depois o desejo – não o contrário. Trata-se de um processo circular, não linear. As condições, no entanto, são cruciais; o contexto sexual atual – o relacionamento, a dinâmica de poder, a segurança e a confiança, os motivos que levam ao sexo, o erotismo disponível, o próprio relacionamento com o corpo e com o prazer, a presença ou ausência de estímulos que ela considere excitantes – é decisivo para favorecer ou impedir o círculo virtuoso da excitação e do desejo.

Contexto é tudo e determina se o desejo *dá a impressão de ser* mais espontâneo ou mais responsivo. Em um dado contexto – por exemplo, um casal que se conhece há tempos e está em um relacionamento de longa data –, talvez a mulher não esteja necessariamente pensando em sexo (ela pode estar em um "estado neutro", nas palavras de Basson), porém um toque do parceiro, nas condições adequadas, pode gerar uma reação de curiosidade e de prazer, mesmo que não seja um desejo ativo ou urgente. Em algum momento, o desejo pode se instalar. Em um contexto distinto, de novidade, paixão e expectativas – os momentos que antecedem o encontro com um parceiro depois de uma longa separação, por exemplo, ou os primeiros estágios eufóricos de um novo relacionamento –, o dese-

---

36. Ver R. Basson, "The Female Sexual Response: A Different Model", *Journal of Sex and Marital Therapy*, p. 26, pp. 51-64, 2000; "Rethinking Low Sexual Desire in Women", *BJOG: An International Journal of Obstetrics and Gynecology*, p. 109, pp. 357-63, 2002.

jo, no reencontro, pode *dar a impressão de ser* extremamente espontâneo, como se surgisse do nada. Ocorre que ele não surge do nada; o desejo que uma mulher sente nessa situação não é menos responsivo por causa dessa sensação de urgência e de espontaneidade; ela está apenas reagindo a um contexto de emoção e de expectativa – um ciclo de feedback positivo. Isso, também, é excitação dentro de um contexto – um contexto que a preparou para o desejo. Nenhum desejo sexual independe por completo de contexto; o desejo raramente é *não* responsivo – acontece que é comum nos esquecermos de que certas condições são contexto.

Contexto negativo também é contexto e pode ter consequências profundas. Um ambiente perturbador ou desagradável, estímulos sexuais ou toques inadequados, sons e cheiros que quebram o clima ou um relacionamento estressante: tudo isso pode interferir no ciclo excitação (seguida de) desejo. Muitas mulheres com baixo desejo sexual podem, na verdade, não ter um nível satisfatório de excitação sexual, e muitas podem nunca ter experimentado um orgasmo. O sexo pode se tornar obrigatório – uma tarefa assumida para manter feliz um parceiro que, afinal, tem um impulso biológico urgente que precisa ser saciado. E, assim, o próprio prazer de uma mulher pode se tornar cada vez menos importante, o que, por sua vez, afeta qualquer desejo de fazer sexo, uma vez que o sexo em si pode não valer a pena. A abstinência pode se instalar; o círculo vicioso se intensifica.

Reconhecer que o desejo sexual nem sempre precisa ter uma forma urgente e espontânea tem implicações significativas. Se enxergarmos desejo responsivo como desejo, não consideraremos anormal o "desvio" das mulheres em relação a um modelo dominante, espontâneo, quase sempre associado aos homens. Foi isso que as mudanças no DSM V se propuseram a fazer, ao substituir TDSH por Transtorno do Interesse/Excitação Sexual Feminino (TI/ESF), o que abre espaço para uma sexualidade na qual a reação à iniciativa tem um papel importante. Essa reformulação ajudaria, esperava-se, as mulheres a terem mais acesso ao prazer. Lori Brotto, por exemplo, em *Better Sex Through Mindfulness* [*Melhore o sexo praticando mindfulness*], usa uma terapia com pacientes inspirada no trabalho de Basson;[37] ela encoraja

---

37. Lori Brotto, *Better Sex Through Mindfulness: How Women Can Cultivate Desire*, Greystone Books, 2018.

mulheres a refletirem sobre contextos e estímulos favoráveis à excitação e as encoraja a se concentrarem de modo atento em sensações, sem julgamentos, lidando com a excitação que se segue. Essa concentração diminui a inibição e "abre o caminho" ao desejo sexual e, por fim, à satisfação sexual. Um círculo virtuoso – a experiência do prazer e do orgasmo – pode então funcionar como um incentivo extra. Sexo gratificante pode levar as mulheres a quererem sexo novamente. Um entendimento restritivo do desejo como algo unicamente espontâneo e urgente inviabiliza esse tipo de abordagem.

Rosemary Basson elaborou sua teoria do desejo responsivo em um período de grande agitação em torno dos tratamentos farmacológicos para problemas sexuais[38] e fez todo mundo se lembrar de que o sexo ia além de fatores biológicos. Além disso, ela desenvolveu seu trabalho em uma época – a partir da virada do milênio, mas, em particular, no final dos anos 2000 – que tinha visto muita consternação em torno de uma cultura pós-feminista, "hipersexual" e dos efeitos da pornografia cada vez mais disponível on-line, envolvendo tanto a sexualidade masculina quanto a feminina. "Sexualização" é um termo um tanto amorfo, pressupondo uma fronteira brusca entre infâncias inocentes e um mundo adulto sexualizado, mas, nesse período, o termo foi invocado para criticar a infiltração de temas pornográficos em objetos e na iconografia convencional (camisetas, linhas de roupas infantis e aulas de *pole dance* em academias). Livros como Pornland [Pornolândia] e Pornified (How Pornography is Damaging our Lives, Our Relationships, and Our Families) [Pornificados (Como a pornografia está prejudicando nossas vidas, nossos relacionamentos e nossas famílias)] disputavam atenção com iniciativas oficiais, tais como o *Relatório sobre a sexualização de meninas*, da Associação de Psicologia dos Estados Unidos.

—
38. Ver Rosemary Basson *et al.*, "Report of the International Consensus Development Conference on Female Sexual Dysfunction: Definitions and Classifications", *Journal of Urology*, p. 163, pp. 888-93, 2000.

Esses textos e debates se propagavam com uma perseverança quase tão frenética quanto a da pornografia que eles descreviam.

Algumas críticas da cultura "sexualizada", da sensualidade compulsória e da "cultura da indecência", tais como os livros *Female Chauvinist Pigs* [Porcas chauvinistas], de Ariel Levy,[39] e *Living Dolls* [Bonecas vivas], de Natasha Walter,[40] de certa forma, demonstravam desaprovação de forma arrogante às mulheres com as quais manifestavam ostensiva preocupação, direcionando um olhar que objetificava e desumanizava essas mulheres cuja auto-objetificação elas lamentavam. Levy e Walter usavam termos como "cafona", "vagabunda", "interesseira" e "exibicionista" sem qualquer moderação e sem qualquer questionamento em torno da misoginia pulsante por trás desse vocabulário. "As bonecas avançam outra vez", escreveu Walter. Nesses livros, desprezo e julgamento disputavam espaço com a preocupação e com o desespero.

Textos assim eram um ambiente importante para a pesquisa sexual surgida no início do século XXI. O trabalho de Basson argumentava que o desejo feminino não era mais a força linear e mecânica presumida por Masters e Johnson; e enfatizava os obstáculos que, com tanta frequência, atormentavam a sexualidade das mulheres. Assim, a um só tempo, sua pesquisa envolvia um reconhecimento bem-vindo das dificuldades sexuais que elas enfrentam e questionava a celebração pós-feminista e a insistência em uma visão apolítica do sexo; refutava a pressão sempre crescente para que mulheres jovens se tornassem ubersexuais. Ao lado do ativismo da sexologista Leonore Tiefer, que criticava o DSM havia muito tempo, e da New View Campaign [Campanha pela Nova Visão] coordenada por ela, o trabalho de Basson insistia que a sexualidade é vivida dentro de um contexto e que esse contexto nem sempre é favorável ao prazer feminino.[41] Reconhecia as forças que atuam contra a vivência das mulheres na expansão da própria sexualidade – sexismo, misoginia, desigualdades – e apoiava uma imagem oposta às forças culturais que encorajavam mulheres a serem

---

39. Ariel Levy, *Female Chauvinist Pigs: Women and the Rise of Raunch Culture*, Simon & Schuster, 2005.

40. Natasha Walter, *Living Dolls: The Return of Sexism*, Virago, p. 8, 2010.

41. Ver Leonore Tiefer, *Sex is Not a Natural Act and Other Essays*, Westview Press, 2004.

performativas e mecanicamente sexuais; uma imagem que abria espaço a uma sexualidade que fosse lenta, que enfrentasse obstáculos, falhas, interrupções e inibições. As mulheres invocadas na pesquisa de Basson não eram máquinas de desejo que passavam com precisão do desejo à excitação e ao orgasmo; eram indivíduos complexos em situações específicas e difíceis.

O trabalho de Basson perguntava nas entrelinhas, ainda, se a psiquiatria e a Big Pharma – o Viagra e o TDSH – conspiravam com uma cultura sexualizada demais: teriam Masters e Johnson, ao promover uma imagem linear e confiável da sexualidade, feito o trabalho sujo do pós-feminismo? Teriam fornecido uma imagem simplificada do sexo que permitia uma positividade sexual dúbia e superficial, uma imagem que mais refletia um anseio do que se baseava na realidade? Representar o desejo feminino, como fez Basson, como algo suscetível a curtos-circuitos – vulnerável aos caprichos do contexto, mais vago, frágil e imprevisível do que outrora imaginado – pode também, portanto, ter tranquilizado um ambiente ansioso e aumentado o interesse em desacelerar uma cultura sexual desenfreada e ambígua.

O modelo de desejo responsivo e sua aceitação cultural ("as mulheres são, via de regra, responsivas") me causam nervosismo. Por quê? Bem, para começar, corre-se o risco de transformar o desejo sexual em uma coisa pela qual as mulheres devem lutar – mesmo quando não quiserem. Estar aberta ao sexo inclusive quando se sente pouco desejo pode se tornar um tipo de tarefa para a mulher, o tipo sugerido em muitas revistas femininas e em programas de TV, e, de modo mais icônico, na *Cosmopolitan*, com suas dicas de "sexercício" e suas palavras de ordem sempre vibrantes em favor de novas experimentações com vistas à manutenção do interesse de um homem. Entender que um sexo excelente nem sempre acontece naturalmente é uma sacada útil, mas é quase sempre delas que se espera o emprego de tempo e de recursos nesse tipo de empenho – o empenho, muitos argumentam, do amor heterossexual.[42]

O fato de que se trata de uma tarefa tem sido minimizado por inúmeros manuais de sexo.[43] Kevin Leman, em seu manual cristão de sexo, *Entre lençóis: uma visão bem-humorada da intimidade sexual no casamento*, escreve que é possível fazer sexo "por misericórdia, por obrigação ou por compromisso e sem desejo real"; sim, pode "parecer forçado", mas "você está agindo por amor". Em *The Multi-Orgasmic Couple: Sexual Secrets Every Couple Should Know* [O casal multiorgásmico: segredos sexuais que todo casal deveria conhecer], a obrigação de fazer sexo apenas para o bem do relacionamento é evidente: leitores são chamados a "cometer erros rumo ao sexo". E *The Whole Lesbian Sex Book* [O livro completo do sexo lésbico] tece elogios a uma mulher que adota a "regra da não recusa" em um relacionamento; a parceira sem desejo vai querer sexo depois que a coisa começar a rolar.

Mas se os relacionamentos são consolidados através do sexo e se o baixo desejo precisa ser combatido por meio de empenho – mantendo-se receptiva, estando aberta ao sexo mesmo quando não quiser fazê-lo –, como sabemos a diferença entre um esforço razoável em um relacionamento e a pressão inaceitável por sexo? A ênfase em uma neutralidade sexual que, no contexto adequado, pode se desdobrar em excitação e em desejo, minimiza a convicção de uma pessoa de que ele ou ela tem o direito de recusar sexo? Esse modelo dá margem para que se pressione um parceiro ou uma parceira?[44]

---

42. Thea Cacchioni, *Big Pharma, Women, and the Labour of Love*, University of Toronto Press, 2015.

43. Ver Kristina Gupta e Thea Cacchioni, "Sexual Improvement as if Your Health Depends on It: An Analysis of Contemporary Sex Manuals", *Feminism and Psychology*, 23(4), pp. 442-58, 2013.

44. Ver Alyson K. Spurgas, "Interest, Arousal, and Shifting Diagnoses of Female Sexual Dysfunction, Or: How Women Learn about Desire", *Studies in Gender and Sexuality*, 14(3), pp. 187-205, 2013; Katherine Angel, "Commentary on Spurgas's 'Interest, Arousal, and Shifting Diagnoses of Female Sexual Dysfunction'", *Studies in Gender and Sexuality*, 14(3), pp. 206-16, 2013.

A linguagem usada na defesa do desejo responsivo é muito reveladora.[45] No trabalho de Basson, há muita ênfase em motivação, em incentivos e em razões para o sexo. As mulheres são fundamentalmente motivadas para o sexo por motivos não sexuais – por "recompensas" ou por "ganhos" que não são "estritamente sexuais" –, tais como um desejo por proximidade emocional ou "necessidades de intimidade". Partir de um estado "sexualmente neutro" não só "não é patológico", escreve Lori Brotto, mas também é "provável que seja bastante normal em casais vivendo relacionamentos longos". Ela pretende "normalizar a falta de desejo sexual em uma mulher no início de uma relação sexual". Basson, descrevendo seu "modelo incentivo-motivação", argumenta – em um jogo de palavras revelador – que a "excitabilidade" de uma pessoa é a disposição que ela tem de ser "conduzida rumo ao" sexo.

A ideia de que mulheres não partem do desejo – ou, talvez, sequer tenham qualquer desejo – é refletida na linguagem das categorias diagnósticas. No quinto DSM, ainda em vigor, as mulheres não podem mais ser diagnosticadas com Transtorno do Desejo Sexual Hipoativo, ainda que os homens possam. Não há nenhuma categoria para mulheres no DSM que inclua o termo "desejo" – em vez disso, elas são diagnosticadas com Transtorno do Interesse/Excitação Sexual Feminino (TI/ESF). Os critérios de diagnóstico para TI/ESF incluem não apenas uma redução de pensamentos eróticos ou de fantasias, mas uma redução na iniciativa da atividade sexual e na reação às iniciativas do parceiro. Outro critério diagnóstico é "*interesse* pelo ato sexual" (não *desejo*). Uma mulher, no DSM, parece não ter qualquer desejo sexual passível de ser transtornado. É claro que a inclusão no DSM não é nenhum marcador de liberação, mas, no manual, os homens têm desejo, e as mulheres têm incentivos e motivação; homens têm transtornos de desejo, mulheres têm transtornos de interesse e de excitação. Essas diferenças semânticas dizem muito: o investimento das mulheres no sexo é visto como mais cognitivo, ao passo que o dos homens

---

45. Rosemary Basson, "Female Sexual Response: A Different Model", Journal *of Sex and Marital Therapy*, p. 26, pp. 51-64, p. 51, 2000; Lori Brotto, *Better Sex Through Mindfulness: How Women can Cultivate Desire*, Greystone Books, pp. 97-8, 2018.

é mais libidinal. Elas consideram a possibilidade de fazer sexo, eles querem fazer. O interesse das mulheres no sexo é menos, digamos, sexual.

Precisamos questionar os modelos de desejo e reconhecer os contextos e as condições que propiciam ou inibem o desejo. No entanto, desapegar--se da linguagem do desejo é algo útil às mulheres? Ou isso consolida um fenômeno já preocupante, a sugestão de que o sexo para as mulheres é, acima de tudo, uma questão de medir interesses, enquanto o status de profunda necessidade da sexualidade dos homens permanece intacto?

Em *Por que as mulheres fazem sexo*, a psicóloga clínica Cindy Meston e o psicólogo evolucionista David Buss se propõem a explicar o sexo nas mulheres.[46] A pergunta presente no título do livro raramente, ou nunca, é feita a respeito dos homens. A resposta de Meston e Buss é, bem, por qualquer motivo: para melhorar a autoestima; para consolidar relacionamentos; para exercer a vingança; para se sentir bem; para sentir prazer; para expressar amor; para maximizar a fidelidade do parceiro – todas ou algumas das alternativas anteriores, não necessariamente nessa mesma ordem. (O ponto de vista de Basson é semelhante.) Na verdade, essas análises muito abrangentes empurram o conceito de "motivos" até os limites da inteligibilidade; a noção de "por que" se torna redundante devido à possibilidade de se ter qualquer coisa como resposta.

E, para início de conversa, seria a linguagem dos motivos, afinal, a linguagem adequada nesse contexto? Ela invoca mulheres que ponderam e que refletem com racionalidade, em vez de serem motivadas pelo estranho e complexo fenômeno da sexualidade, fenômeno esse que atribuímos com naturalidade aos homens. Ela se relaciona com uma imagem da sexualidade externa às mulheres; separada da sua pessoalidade, quiçá oposta a ela. Ela enxerga as mulheres como seres dissociados do âmbito do sexo, ora dentro, ora fora, empenhadas em uma análise de custo-benefício em nome de outros objetivos que costumam ser considerados mais nobres para elas: a criação dos filhos, a intimidade, a proximidade – a comunhão e o esquecimento do eu, propostos por Dana Densmore, talvez. Ela permite enxergar o sexo como se fosse a troca de um bem ou de um recurso do

---

46. Cindy Meston e David Buss, *Why Women Have Sex: Understanding Sexual Motivation from Adventure to Revenge (and Everything in Between)*, Vintage, 2010.

qual as mulheres "abrem mão", correndo o risco de prejuízo no processo, em troca de algo que elas valorizam mais. Essa é uma visão da sexualidade feminina como área de câmbios e de trocas – uma forma de comportamento centrado em um objetivo, contratual e orientado ao serviço.

Tudo isso sob o risco de se acabar no pior modelo contratual, na raiz do comportamento coercivo e intimidador dos homens. Se as mulheres colocarem os interesses na balança e considerarem que a intimidade que podem obter em troca vale a pena, tendem a optar por fazer sexo; falta pouco para a exigência de que elas providenciem sexo caso queiram obter o que apreciam; caso queiram ter acesso à graça ou à promessa da intimidade. Essa visão da sexualidade das mulheres não só tende a legitimar a agressão sexual masculina, como também aliena as mulheres do próprio desejo e do próprio prazer.

Considerar a responsividade – ao contexto e aos outros – um aspecto essencial da sexualidade feminina, sem fazer uma análise semelhante da nossa visão da sexualidade masculina, traz à tona clichês perturbadores que pintam os homens como aqueles que querem e pedem sexo e as mulheres como aquelas que, depois de analisar interesses não sexuais, podem até embarcar na viagem. Em um mundo no qual mulheres que dizem não ao sexo tantas vezes se deparam com uma incredulidade arrogante e com uma insistência agressiva e no qual mulheres que dizem sim ao sexo são sujeitas tanto a críticas quanto a racionalizações a serviço de objetivos supostamente mais elevados, é deveras problemático fazer da receptividade ao sexo um aspecto definidor da sexualidade feminina, *ao mesmo tempo que deixamos intacto o status de impulso da sexualidade masculina*. Esse é um cenário no qual homens querem e insistem, enquanto mulheres precisam calcular, decidir e resistir; um cenário bastante explorado e explorável por homens que já enxergam o próprio desejo como um direito biológico e as mulheres como acessórios, persuadíveis, desse desejo. Considerar responsivo o desejo das mulheres sem questionar as dinâmicas de poder atreladas ao gênero pode em muito pouco tempo se transformar em um pesadelo, uma horripilante fantasia opressiva.

Ainda que seja uma verdade empírica o fato de que as mulheres avaliam seus interesses na hora do sexo, será que o quadro não é mais complexo do que parece? Se as mulheres se sentem motivadas por razões não sexuais – manter um parceiro feliz, por exemplo –, talvez isso indique um fenômeno social, em vez de ter qualquer relação com as sexualidades masculina ou feminina propriamente ditas, muito menos com algo de natureza biológica. Se o prazer das mulheres é ignorado; se as condições da vida sexual das mulheres não são favoráveis à luxúria (é difícil sentir desejo se seu prazer não é visto como algo importante), então não há surpresa alguma no fato de mulheres fazerem sexo por razões alheias ao sexo.

Da mesma maneira, se fosse empiricamente comprovado que o desejo das mulheres é mais responsivo ao contexto do que o dos homens, e que, de acordo com Emily Nagoski, as mulheres se mostram mais sensíveis a fatores inibidores do sexo do que os homens, isso também tende a ser um fator social: a Moça X pode ser vista como puta, mas James Deen não passa de um garanhão. A sexualidade das mulheres é punida com frequência; mulheres são assediadas todos os dias, e seus corpos, policiados; elas são lembradas, a todo momento, de sua susceptibilidade à violência masculina e levadas a se sentir responsáveis por ela. Vergonha, medo, tabus culturais e trauma – muitas vezes, trauma sexual – podem atuar como inibidores profundos do prazer sexual. Apesar disso, as mulheres são encorajadas a expressar o desejo com autoconfiança. Não é de se estranhar que elas mantenham um relacionamento complicado com o próprio desejo; não é de se estranhar que talvez seja preciso cuidado para despertá-lo e que elas se sintam inibidas com tanta facilidade.

Se estamos falando de fatos, esses não são, em absoluto, fatos relativos à sexualidade; são resultados de um mundo que exige o impossível das mulheres, pedindo-lhes que demonstrem desejo enquanto afirma que seus prazeres e que sua segurança não são priorizados ou valorizados. É a realidade social que cria as condições da possibilidade da entrega, da aventura, da libertação, da graça. É preciso ter cuidado para não descrever como natural algo que é resultado das sociedades que criamos.

Seja como for, as coisas também não são simples para os homens. Por um lado, seus desejos chegam ao mundo acolhidos, valorizados e protegidos. Meninos – pelo menos aqueles agraciados com várias formas de privilégio (de raça e de classe, por exemplo) vêm ao mundo como se fossem compostos de desejos, e o mundo se dispõe a atendê-los. E os *desejos* dos homens heterossexuais não são apenas acolhidos e encorajados; o direito deles aos corpos das mulheres também é visto como um desejo natural: o pai de Brock Turner lamentou a sentença do filho por causa de "vinte minutos de atividade".[47] O fato de ele ter encarado o abuso sexual cometido pelo filho contra uma mulher inconsciente como "atividade" diz muito: abuso e sexo são intercambiáveis. É possível que a heterossexualidade masculina se encaixe melhor na ideia de um impulso biológico justo pelo fato de as condições para ela serem perfeitas; o desejo do homem hétero é encorajado, imaginado, representado e alimentado a toda hora. Ele é evocado pela cultura em geral, e o contexto que permite esse desejo – a primazia do orgasmo masculino, por exemplo, ou a relativa segurança quando se trata de abusos sexuais – também o recompensa, criando um círculo virtuoso de excitação, desejo e orgasmo que é mais esquivo para as mulheres. A raça faz diferença nesse aspecto: a sexualidade de homens negros é fetichizada como um impulso animalesco e está sujeita a mais sanções do que a dos homens brancos, em particular quando relacionada às mulheres brancas.

Assim, o desejo masculino é encorajado, mas é também uma exigência. A expectativa de que os homens sejam máquinas incansáveis de desejo não é algo a se emular; a busca incansável pelo horizonte da masculinidade heterossexual não é nada invejável. Demandar que os homens estejam sempre prontos, com a libido sempre a postos e fazendo conquistas, só serve para conduzi-los ao fracasso. A humilhação do fracasso é um fardo; um homem aquém das expectativas está sujeito à violência e à vergonha, como muitos já descobriram, a duras penas. Além disso, a incapacidade de se alcançar esse horizonte impossível engendra as mesmas sensações de insegurança e de vergonha que precedem a violência masculina. Os homens, afinal de contas, odeiam mulheres para que não precisem odiar a si mesmos.

—

47. Elle Hunt: "'20 Minutes of Action': Father Defends Stanford Student Son Convicted of Sexual Assault", *Guardian*, 6 de junho de 2016, theguardian.com.

Homens, também, são motivados a buscar sexo por motivos não sexuais, assim como as mulheres – pela necessidade de afirmar a masculinidade; pelo vínculo entre ereção, ejaculação e poder; pelas punições sociais que se seguem caso eles falhem. Não é que as mulheres tenham *razões* e *incentivos* para o sexo, enquanto os homens têm puro desejo; é que tornamos as motivações não sexuais dos homens – as razões *deles*, os incentivos *deles* – invisíveis. Deixamos esses aspectos intocados e tratamos o desejo masculino como uma dádiva biológica, não como o comportamento socialmente encorajado, sancionado e imposto que ele é.

É preciso tomar cuidado para não incluir em nossos modelos de sexo, fenômenos que são, na verdade, sociais – a saber, a suposição de que o sexo é, em essência, satisfatório para os homens, ao lado da aceitação de que, para as mulheres, não passa de uma troca por algo que elas considerem valioso. Ao admitirmos que fazer sexo pode proporcionar o acesso a outros efeitos preciosos – conexão, intimidade, vínculo –, é preciso ter cuidado, também, para não excluir o sexo em si como capaz de propiciar esses mesmos efeitos. Por que não ter como objetivo o próprio sexo como algo profundamente prazeroso para os dois? Por que não ter como objetivo uma cultura que acolha e possibilite o prazer sexual da mulher, em toda sua complexidade, e que admita a complexidade do desejo masculino, também? Não poderíamos ter como objetivo um prazer maravilhoso, universal, democrático, dissociado de gênero; um hedonismo acessível a todos – aquilo que Sophie Lewis chamou de uma "experimentação descontraída, polimorfa"[48] para todos?

Toda sexualidade é responsiva; todo desejo sexual surge dentro de uma cultura que, por sua vez, molda esse desejo. Poderíamos pegar o que importa no modelo de Basson – a ênfase na natureza relacional e emergente do desejo –, sem um vínculo tão enfático a uma retórica dos impulsos divergentes entre homens e mulheres? A sexualidade é vivida, aprendida, desenvolvida ao longo do tempo, em contextos específicos; é por isso que o sexo tem significado para nós – ele nunca é apenas função, mas é sempre rico e carregado de significado. Se queremos que o sexo seja divertido e satisfatório, é nos contextos nos quais o sexo acontece que devemos concentrar nossas energias emancipatórias.

—

48. Sophie Lewis, "Collective Turn-Off", *Mal Journal*, 5, agosto de 2020, maljournal.com.

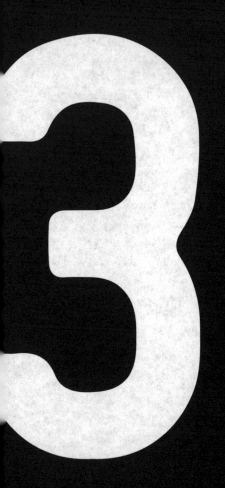

EXCITAÇÃO

"As mulheres adoram sexo – até mais do que a gente", afirma um *coach* de sedução entrevistado pela socióloga Rachel O'Neill para o livro *Seduction* [Sedução].[1] Elas podem até adorar sexo, mas são, segundo *coaches* de sedução, condicionadas a policiar o próprio comportamento – a rejeitar sexo – por medo de serem consideradas promíscuas. Mulheres adotam objeções gestuais antes de concordar em fazer sexo (trata-se de "resistência simbólica", no temível linguajar usado por eles), mas, quando uma mulher volta para casa com um homem, o sexo é praticamente garantido: "ela sabe disso tanto quanto você". Há "algumas objeções que você vai precisar superar se quiser evitar que ela se sinta mal". Se "uma jovem disser 'não' e ela estiver falando sério pra valer, você precisa respeitar... Por sorte, em 99% das vezes, ela não está". A palavra das mulheres é uma inverdade pura e simples, destinada a proteger a reputação. A tarefa desses homens resume-se a despertar o desejo que já está lá, em estado de espera.

Mas, como eles sabem o que elas querem de fato, levando-se em conta que elas escondem o desejo? A resposta é: através do que os corpos delas fazem. "O que elas dizem que querem e as reações delas são duas coisas completamente diferentes", diz um homem a O'Neill. "O corpo grita por sexo, mas ela segue determinada a não ceder", diz outro. O corpo de uma mulher e seu eu são desarticulados – e é o corpo que diz a verdade.

—
1. Rachel O'Neill, *Seduction: Men, Masculinity and Mediated Intimacy*, Polity, p. 98, 2018.

Mulheres que negam a excitação e o desejo enquanto são traídas por seus corpos são um tema recorrente. Aparece toda vez que alguém diz "Ela ficou toda molhada" ou "Eu fiquei toda molhada" como prova de desejo. No filme *Ligadas pelo desejo*, de 1996, das irmãs Wachowski, no qual duas mulheres, Violet e Corky, se apaixonam e planejam roubar dois milhões de dólares do marido mafioso de Violet, a primeira interação sexual entre as duas mostra Violet conduzindo a mão de Corky para baixo da própria saia. "Se você não acredita no que vê", diz ela, "acredite no que sente." Em *Cinquenta tons de cinza*, a primeira cena de espancamento entre Anastasia e Christian Grey mostra Anastasia se afastando e gritando de dor. O rosto dela "dói, está todo contorcido". Então, Christian Grey põe o dedo na vagina dela e diz: "Sinta isso. Veja o quanto seu corpo gosta, Anastasia". A excitação física de Anastasia, sugere Grey, é uma evidência de prazer e de gozo *verdadeiros*. A excitação lhe dá permissão, não importa o que ela diga ou o que sinta. O corpo é superior aos sentimentos dela.

Durante um ataque, vítimas de abuso sexual podem sentir, e às vezes realmente sentem, excitação fisiológica – lubrificação, umidade – e até orgasmos;[2] um fato que advogados exploram ao máximo em julgamentos de casos de estupro, invocando a lubrificação vaginal como prova de que a mulher "quis" – uma ocorrência rotineira no início do século XX e uma insinuação mais sutil em julgamentos contemporâneos, de acordo com a historiadora Joanna Bourke.[3] A presença de excitação fisiológica durante um ataque pode parecer algo chocante e confuso, mas somente se partirmos do princípio de que a excitação fisiológica tem algo inequívoco a dizer acerca do prazer, do gozo, do desejo e do consentimento. Na verdade, muitos pesquisadores do sexo especulam que a excitação genital pode ser

---

2. Ver Roy J. Levin e Willy van Berlo, "Sexual Arousal and Orgasm in Subjects Who Experience Forced or Non-Consensual Stimulation: A Review", *Journal of Clinical Forensic Medicine*, p. 11, pp. 82-8, 2004. Ver também C. M. Meston, "Sympathetic Activity and the Female Sexual Arousal", *American Journal of Cardiology*, p. 20, p. 82, 2A, pp. 30-4, 2000; CA Ringrose "Pelvic Reflexes in Rape Complainants", *Canadian Journal of Public Health* 1977, 68, 31; C. Struckman-Johnson e D. Struckman-Johnson, "Men Pressured and Forced into Sexual Experience", *Archives of Sexual Behavior*, p. 23, pp. 93-114, 1994.

3. Joanna Bourke, *Rape: A History from 1860 to the Present*, Virago, 2007.

uma resposta automática, um traço evolutivo para proteger a mulher de lesões, de traumas e de infecções durante o sexo. A reação genital, argumenta Emily Nagoski, no livro *A revolução do prazer*, "não é desejo". Não é sequer prazer, "é apenas uma reação".[4]

E, contudo, como vimos, alguns homens instrumentalizam a excitação genital: o que elas "dizem que querem" e "como reagem" são coisas totalmente diferentes; "o corpo dela grita" por sexo. A pesquisa sexual também explora a excitação com avidez. Pesquisas conduzidas por Meredith Chivers e seus colegas[5] têm gerado um animado debate. Em um de seus estudos mais relevantes, os sujeitos se deitam numa confortável poltrona reclinável, com aparelhos de aferição conectados à genitália – um pletismógrafo disposto em torno do eixo do pênis, que avalia alterações no volume peniano, e um pletismógrafo (uma pequena sonda de acrílico do tamanho de um absorvente interno) inserido na vagina, que registra alterações no fluxo sanguíneo da parede interna do orgão por meio da emissão de luzes. Os sujeitos assistem a uma variedade de estímulos em vídeo: um homem e uma mulher fazendo sexo; um homem nu caminhando em uma praia; duas mulheres fazendo sexo; um homem fazendo sexo oral em outro; e um par de chimpanzés fazendo sexo. Todos são exibidos durante 90 segundos, e, entre cada um deles, é exibido o vídeo de uma paisagem natural, sem a presença de humanos, a fim de trazer os índices de volta ao ponto de partida.

Os homens tendem a reagir com excitação genital – ereções – somente àquilo que eles afirmam que os excita: a homens, ou a mulheres, ou a ambos, dependendo da orientação sexual de cada um, mas não, de maneira geral, aos chimpanzés. Por outro lado, as mulheres, qualquer que seja a orientação sexual declarada, reagem com excitação genital a todo e

—

4. Ver Nagoski, op. cit., e E. Laan e W. Everaerd, "Determinants of Female Sexual Arousal: Psychophysiological Theory and Data", *Annual Review of Sex Research*, p. 6, pp. 32-76, 1995.

5. M. L. Chivers eJ. M. Bailey, "A Sex Difference in Features That Elicit Genital Response", *Biological Psychology*, p. 70, pp. 115-20, 2005. Estudos posteriores foram desenvolvidos a partir desse trabalho, tais como M. L. Chivers, M. C. Seto, & R. Blanchard, "Gender and Sexual Orientation Differences in Sexual Response to the Sexual Activities Versus the Gender of Actors in Sexual Films", *Journal of Personality and Social Psychology*, p. 93, pp. 1108-21, 2007. Mulheres que se identificam como lésbicas demonstraram maior excitação diante de mulheres nos filmes do que homens; suas reações foram mais específicas.

qualquer videoclipe, incluindo o dos macacos. A excitação das mulheres é, como se diz no jargão, não específica, ao passo que a dos homens é específica – restrita aos desejos sexuais declarados e às suas orientações. Mulheres, ao que parece, sentem excitação por qualquer coisa.

E tem mais: as mulheres podem se sentir fisicamente excitadas por qualquer coisa, mas, e isso é crucial, dizem que não se sentem. Os sujeitos da pesquisa também têm à disposição um teclado através do qual avaliam as próprias impressões subjetivas de excitação. As mulheres demonstram excitação genital a uma maior variedade de estímulos (incluindo os chimpanzés), mas exibem também o que é chamado de maior "não concordância" entre a excitação genital e a sensação subjetiva de excitação: as reações do corpo não coincidem com o que elas dizem que sentem.[6]

Por darem a impressão de que se sentem fisicamente excitadas por qualquer coisa – de modo quase cômico –, as mulheres são, assim ouvimos, muito mais "parecidas com os homens" – vorazes, libidinosas – do que as histórias em torno da sexualidade feminina afirmam. Ao mesmo tempo, as mulheres são *diferentes* dos homens; mais incontroláveis em sua perversidade polimorfa, reagindo genitalmente a todo tipo de estí-

---

6. Para outros trabalhos nessa área, ver K. D. Suschinsky, M. L. Lalumière, M. L. Chivers 'Sex Differences in Patterns of Genital Sexual Arousal: Measurement Artifacts of True Phenomena?" *Archives of Sexual Behavior*, 2009, p. 38(4), pp. 559-73; M. L. Chivers, M. C. Seto, M. L. Lalumière, E. Laan, T. Grimbos. "Agreement of Self-Reported and Genital Measures of Sexual Arousal in Men and Women: A Meta-Analysis", *Archives of Sexual Behavior*, p. 39(5), pp. 5-56, 2010. O trabalho de Chiver se baseia no de Ellen Laan, por exemplo, E. Laan, W. Everaerd, "Physiological Measures of Vaginal Vasocongestion", *International Journal of Impotence Research*, 1998, 10:S107-S110; E. Laan, W. Everaerd, J. van der Velde, J. H. Geer, "Determinants of Subjective Experience of Sexual Arousal in Women: Feedback from Genital Arousal and Erotic Stimulus Content", *Psychophysiology*, p. 32; pp. 444-51, 1995; E. Laan & W. Everaerd, "Determinants of Female Sexual Arousal: Psychophysiological Theory and Data", *Annual Review of Sex Research*, p. 6, pp. 32-76, 1995; E. Laan, W. Everaerd, 'Physiological Measures of Vaginal Vasocongestion', International Journal of Impotence Research, 1998, 10, S107-S110; E. Laan, W. Everaerd, J. van der Velde, J. H. Geer, 'Determinants of Subjective Experience of Sexual Arousal in Women: Feedback from Genital Arousal and Erotic Stimulus Content', *Psychophysiology* 1995, 32, 444-51. Ver também S. Both, W. Everaerd, E. Laan, E. Janssen, "Desire Emerges from Excitement: A Psychophysiological Perspective on Sexual Motivation", em E. Janssen (org.) *The Psychophysiology of Sex*, Indiana University Press, pp. 327-39, 2007.

mulo visual. São as mulheres, não os homens, que reagem diante dos chimpanzés.[7]

Tudo isso tem gerado afirmações grandiloquentes. Para Wednesday Martin, no recente livro *Untrue* [Falso],[8] as mulheres, pelo menos em suas cabeças, são "onívoras inveteradas e nada meticulosas"; são nada menos do que "superesquisitas", até "anarquistas sexuais". "Nossa libido não dá a mínima para as alternativas que a gente seleciona." Para Martin, as descobertas em torno da excitabilidade feminina são uma evidência de que as mulheres precisam de mais variedade sexual do que os relacionamentos monogâmicos tradicionais permitem. O *coach* sexual Kenneth Play concorda que é preciso contestar o "profundo mal-entendido" e "o mito cultural de que as mulheres desejam menos sexo do que os homens, quando, na verdade, elas anseiam por sexo tanto quanto os homens, se não mais".[9] Daniel Bergner, no livro *O que as mulheres realmente querem?*, de 2013, escreve que, para as mulheres cuja não concordância Chivers analisou, "tudo era discórdia". O "teclado contradisse o pletismógrafo, contradisse por completo. As mentes desmentiram os corpos".[10] A sexualidade feminina emerge no livro dele como perversa, desconcertante e epistemologicamente perturbadora. Não apenas é muito menos sociável e respeitável do que os velhos truísmos declaram – é também muito mais *estranha*. Além de

---

7. O destaque dado a esses chimpanzés nas discussões em torno das pesquisas sexuais se baseia no pressuposto de que animais não podem ser objetos verdadeiros de excitação ou desejo em humanos – que a excitação genital das mulheres diante de um animal fazendo sexo é um mistério a ser desvendado. Pesquisadores do sexo e seus leitores fariam bem, contudo, em consultar a coleção de fantasias sexuais femininas de Nancy Friday, *Meu jardim secreto*, publicado com grande alarde em 1975. Uma proporção significativa das fantasias coletadas por ela incluía animais nos cenários; o pastor-alemão de um vizinho, por exemplo, e sua língua comprida. Ao partir do pressuposto de que animais não podem ser objetos de desejo em humanos, enquanto, de alguma forma, provocam excitação, esses estudos e discussões ignoram o papel crucial da fantasia na vida sexual; fantasia que, como as feministas argumentam há décadas, mantém uma relação complexa com a realidade.

8. Wednesday Martin, *Untrue: Why Nearly Everything We Believe About Women, Lust, and Infidelity is Wrong and How the New Science Can Set Us Free*, Scribe, pp. 44-5, 2018.

9. Alex Manley, "The Orgasm Gap: What It Is and Why You Should Care about It", *Ask.Men*, 6 de fevereiro de 2020, uk.askmen.com.

10. Daniel Bergner, *What Do Women Want? Adventures in the Science of Female Desire*, Harper Collins) pp. 13-14, 2013.

derrubar o pressuposto, "tranquilizador, talvez, acima de tudo, para os homens, mas aclamado por ambos os sexos",[11] de que o eros feminino é mais adequado à monogamia do que a libido masculina. O livro de Bergner, segundo ele, deixou um dos editores "de cabelo em pé".[12] Martin, por sua vez, fala com entusiasmo dessa pesquisa reveladora, que remove as múltiplas camadas de renúncia e restrição que "tanto camuflam e distorcem a sexualidade feminina, a ponto de tornar as mulheres estranhas a elas mesmas e à própria libido".[13] Pesquisadores do sexo estão, escreve ela, desafiando nossos "pressupostos mais arraigados, mantidos a duras penas, acerca de quem são as mulheres, do que as motiva e do que elas querem". Nossas identidades sexuais estão "sendo repensadas, reexaminadas e, talvez, enfim reveladas". A pesquisa sexual pode vir a ser nada menos do que a chave da satisfação sexual e da liberação política: o título completo do livro de Martin é *Untrue: Why Nearly Everything We Believe About Women, Lust, and Infidelity Is Wrong and How the New Science Can Set us Free* [Falso: Por que tudo que acreditamos a respeito de mulheres, desejo e infidelidade está errado e como a nova ciência pode nos libertar].

Para esses autores, é sobretudo graças à pesquisa sexual que o sexo pode vir a ser bom novamente. A pesquisa sexual irá, para usar outra expressão de Foucault, "dizer a verdade e prometer o gozo", combinando "o ardor do saber" e o "esperado jardim das delícias". E é olhando atenta e heroicamente para o corpo feminino que essa verdade será anunciada, e o gozo, prometido.

Esses livros, é bom que se diga, nascem da solidariedade; reconhecem o duplo padrão moral que molda a experiência sexual das mulheres. Para qualquer mulher que já tenha sofrido com sexo por se sentir constrangida, julgada, envergonhada ou em perigo, a ideia de que sua sexualidade está soterrada sob limites sociais faz muito sentido. A linguagem da "desconexão", que os autores usam com frequência, pode soar familiar.

---

11. Bergner, p. 7.

12. Bergner em uma entrevista com Tracy Clark-Flory, "the Truth about Female Desire: It's Base, Animalistic and Ravenous", *Salon*, 2 de junho de 2013, salon.com.

13. Martin, *Untrue*, p. 42.

Mas será que a pesquisa científica é capaz de tornar o sexo bom novamente? E será que a reação genital *é mesmo* o dado crucial, a informação vital? Brooke Magnanti, em *The Sex Myth* [O mito do sexo], escreve que há uma diferença entre "o que as mulheres dizem que as excita e o que *de fato faz o corpo delas reagir*".[14] A gente pode até achar que sabe "o que excita as pessoas, mas os dados estão revelando aos pesquisadores um quadro bem diferente". Para Magnanti, a sexualidade de alguém se localiza nas reações fisiológicas, genitais; desse modo, à mente, ao eu, à pessoa, só resta seguir. Alain de Botton, de modo semelhante, escreve que vaginas lubrificadas e pênis intumescidos são "agentes inequívocos de sinceridade"[15] justo por serem automáticos e, portanto, incapazes de fingir. Porém, aquilo que é automático não passa de uma reação, nada mais – e uma reação fisiológica não é capaz de ser sincera; apenas as pessoas são. A excitação fisiológica não esclarece nada sobre os desejos sexuais; sequer esclarece alguma coisa sobre a excitação.

Por que consideramos a excitação genital uma substituta do prazer e do desejo? Em parte, porque a excitação – a lubrificação – é importante para que o sexo seja percebido como prazeroso; a diminuição da lubrificação durante e após a menopausa é apontada como causa de sofrimento. Além disso, talvez as próprias mulheres heterossexuais enfatizem a umidade devido à tendência dos homens a avançarem para a penetração antes que elas estejam "prontas" para aquilo que é tido como o ato principal. A umidade, portanto, pode significar sexo bom; pode ser um indicativo de que houve "preliminares", de que o sexo seguiu o ritmo de uma mulher, não apenas o de um homem. Como a excitação genital é favorável ao prazer e ajuda a reduzir o desconforto, tendemos a tratá-la como se ela fosse o equivalente

---

14. Brooke Magnanti, *The Sex Myth: Why Everything We're Told Is Wrong*, Weidenfeld & Nicolson, p. 11, 2012.

15. Alain de Botton, *How To Think More About Sex*, Macmillan, p. 23, 2012.

a uma impressão subjetiva de prazer – em particular, por causa do foco heterossexual de boa parte da pesquisa e do aconselhamento sexual.

Existem outras razões para a ênfase dada à excitação genital. Em uma pesquisa, sabe-se que é difícil captar o que as pessoas de fato fazem ou sentem; é comum mentirmos, subestimarmos ou deixarmos de julgar de forma adequada quaisquer fenômenos: quantas horas passamos dormindo, quanto álcool consumimos, qual o nível de nossa parcialidade. As pessoas são suspeitas e sentem vergonha, em especial quando se trata de falar sobre sexo – elas podem se sentir desconfortáveis em relação ao que apreciam e, além disso, querem ser vistas como normais. Lamentavelmente, isso compromete a autoavaliação em pesquisas no âmbito da sociologia e da psicologia. Ater-se aos dados fisiológicos "concretos" é uma solução sedutora diante dessa incapacidade humana de se auto-observar com precisão; e é uma solução com um antecedente histórico poderoso.

Dois modos distintos de falar sobre sexo surgiram ao longo do século XX. O primeiro tinha raízes no final do século XIX, representado pelos estudos de caso de Havelock Ellis, de Richard von Kraft-Ebing e de Freud. Esses estudos transmitiam profunda solidariedade e gentileza, além de uma dúbia fascinação pela classificação dos "desvios". Esse modo colocou o indivíduo no centro de um sistema de conhecimento; um comprometimento profundo com a particularidade abriria caminho para informações convincentes acerca da sexualidade humana.

O segundo modo está associado a figuras como Alfred Kinsey (cujos relatórios foram publicados no final dos anos 1940 e início dos 1950) e a William Masters e Virginia Johnson (cujo primeiro livro, como já vimos, foi lançado em 1966). Esse método buscava a segurança nos números e nos grandes grupos: observações repetidas de inúmeros corpos. Kinsey e seus colegas bombardearam milhares de sujeitos (dezesseis mil, na verdade) com uma saraivada de perguntas,[16] tentando quantificar os segredos de uma população.

---

16. Ver A. C. Kinsey, W. B. Pomeroy, C. E. Martin, *Sexual Behavior in the Human Male* (WB Saunders, 1948); Alfred C. Kinsey, Wardell B. Pomeroy, Clyde E. Martin, Paul H. Gebhard, *Sexual Behavior in the Human Female*, WB Saunders, 1953. Ver também Paul Robinson, *The Modernization of Sex*, Harper & Row, 1976; Donna J. Drucker, *The Classification of Sex: Alfred Kinsey and the Organization of Knowledge*, University of Pittsburgh Press, 2014; Jonathan Gathorne-Hardy, *Alfred C. Kinsey: Sex The Measure of All Things*, Chatto & Windus, 1998.

Os laboratórios de Masters e Johnson nos anos 1960 eram invasivos de um modo diferente, com mecanismos voyeurísticos dispostos em câmeras, sondas e sensores penetrantes, numa espécie de mecânica erótica.

Kinsey, um especialista em entomologia, era rigoroso – de modo obsessivo – no comprometimento com a coleta de dados; seu trabalho era notável pela grande dimensão das quantificações, pelas incansáveis contagens e catalogações. Antes de sua pesquisa sexual, ele havia atravessado os Estados Unidos fazendo descrições meticulosas de espécies de vespas. Depois, ele e sua equipe dedicaram a mesma atenção minuciosa ao sexo, com centenas de perguntas apresentadas aos indivíduos, pessoalmente, em entrevistas que duravam até duas horas. Kinsey enfatizava a "vazão sexual" como unidade de medida; ele contava os orgasmos e tentava descobrir como as pessoas os atingiam. Trezentas de suas perguntas tratavam do sexo em si, de seu contexto, das posições sexuais e do percentual de atos sexuais que conduziam ao orgasmo; o restante tratava de masturbação, homossexualidade, ansiedades, contatos sexuais com animais e problemas sexuais.

Kinsey reconhecia que o orgasmo não era uma medida inteiramente adequada para mensurar a experiência sexual, mas argumentava que era a única medida distinta o suficiente para permitir um levantamento estatístico. Esse foco na vazão, em detrimento de atividades que não levassem ao orgasmo, teve efeitos progressivos interessantes. Permitiu, por exemplo, um foco nos orgasmos das mulheres como eventos independentes – a despeito de como aquele orgasmo fosse alcançado –, permitindo que o sexo nas mulheres fosse visto como algo livre da reprodução e do casamento. Além disso, permitiu a Kinsey rebaixar o coito heterossexual no âmbito do casamento a apenas uma entre uma vasta gama de atividades, da masturbação ao sexo homossexual, incluindo sexo com animais. A "vazão", portanto, bagunçou as hierarquias da atividade sexual.

Os resultados dos relatórios foram explosivos, em uma época profundamente conservadora nos Estados Unidos; quase 90% dos homens fizeram sexo antes do casamento, e mais de um terço teve experiências homossexuais que levaram ao orgasmo. Metade das mulheres não era virgem ao se casar, e dois terços tiveram orgasmos antes do casamento. Cerca de um terço de homens e mulheres teve, pelo menos, uma experiência homossexual. 8% dos homens tiveram um orgasmo com animais de outras espécies. O foco de Kinsey no orgasmo – uma conveniência matemática – teve profundas implicações políticas, o que explica parte das violentas críticas direcionadas aos Relatórios de Kinsey, uma vez que eles estilhaçavam o consenso heteronormativo em torno do sexo no período pós-guerra. Kinsey foi logo investigado pelo Congresso, e sua bolsa da Fundação Rockfeller, suspensa.

O recorte demográfico de Kinsey, assim como o de Masters e Johnson, não era universal; os dados tinham um viés muito branco. Além disso, ainda que Kinsey tivesse consciência das limitações inerentes aos métodos de entrevista – será que os sujeitos diriam a verdade, levando-se em conta o constrangimento e a desonra em torno do sexo? –, ele não admitia o aspecto peculiar da dinâmica psicológica, fosse a dinâmica das próprias entrevistas, fosse a da tática à qual ele recorria a fim de contornar a vergonha das pessoas: perguntar a elas, em se tratando de qualquer atividade sexual, *quando* elas a tinham experimentado pela primeira vez, em vez de *se* elas o tinham feito. Poderia isso ser visto como um tipo de pressão sobre os entrevistados?. Entrevistas "cara a cara" não são uma fonte de informação livre de problemas. Kinsey, com seu blazer de tweed e uma pequena gravata-borboleta, fazendo uma pergunta atrás da outra a seus entrevistados, muitos dos quais, provavelmente, nunca tinham discutido sexo nesse nível de detalhe com ninguém, pode ter influenciado seus sujeitos mais do que ele gostaria de admitir. A imaginação sempre interfere um pouco, inclusive, e talvez em especial, num contexto que se esforça muito para parecer realista. Uma tecnologia que se pretende neutra ou uma inquirição imparcial pode ser, na verdade, um pouco erótica ou, pelo menos, provocativa e perturbadora. Nenhuma técnica é neutra, e o sexo é capaz de assumir infinitas formas.

Estudos sobre sexo tentam isolar a pessoa sexual (ou seria o corpo sexual?), imobilizando-a, separando-a da cultura e da sociedade, encurralando-a, a fim de identificar uma sexualidade livre de contaminação do mundo exterior. Estudos assim podem muito bem ser descritos como imersos em uma fantasia de segmentação e de simplificação; como se encenassem um teatro do isolamento, da redução, do encontro com a verdade. Além disso, são estudos que costumam demonstrar uma ingenuidade marcante em relação a possíveis acréscimos ou interferências – em relação à carga erótica que eles podem *criar* no processo. Masters e Johnson, da mesma forma, não podiam apenas analisar o sexo sem afetar aquilo que eles examinavam; o que dizer da carga erótica de alguém sendo observado, durante o ato sexual, por um casal sabidamente obcecado por sexo, a portas fechadas, em uma universidade de renome? Os pesquisadores contemporâneos do sexo, tampouco, são capazes de estudar o sexo sem afetá-lo, sejam quais forem (ou graças a) seus métodos de controle e de contenção, suas poltronas confortáveis, suas sondas e seus estímulos. Esses estudos são, por si só, escopofílicos; e ainda que tentem, com bravura, estudar o sexo, não podem nunca escapar ao fato de que eles também *são* sexo.

Não obstante, Kinsey mensurou o que podia mensurar – assim como o fizeram Masters e Johnson, cujas aparições com jalecos brancos eram uma estratégia cuidadosa para evocar a respeitabilidade científica do trabalho. A pesquisa sexual sempre precisou gerenciar sua imagem, insistindo, talvez mais do que necessário ou adequado, na neutralidade de seus métodos. E uma vez que a quantificação está muito associada à objetividade e à neutralidade (dois dos valores mais reverenciados no esforço científico),[17] a pesquisa sexual se debruça sobre seus métodos a fim de tranquilizar a opinião pública e, talvez, a si própria, mostrando que ela é, de verdade, tudo isso: objetiva, neutra e, acima de tudo, não é pornográfica. Pesquisadores do sexo mensuram o que podem mensurar; isso é tão verdadeiro hoje em dia quanto sempre foi.

Os experimentos se beneficiam de uma prosa entusiasmada, comum em boa parte da cobertura que se faz da pesquisa sexual contemporânea. Os experimentos, assim ouvimos, são capazes de isolar os fenômenos culturais que interferem no desejo, indo além de conversas subjetivas confusas e

---
17. V. Lorraine Daston e Peter Galinson, *Objectivity*, Zone Books, 2007.

nos revelando o núcleo túrgido e suado da sexualidade propriamente dita. É sedutora a ideia de que pletismógrafos que medem com precisão umidade, pulsação e fluxo sanguíneo, ou ainda, que equipamentos que detectam movimentos dos olhos, ritmo cardíaco e dilatação da pupila, sejam capazes de dizer o que as mulheres de fato querem. A fantasia de que podemos alcançar a verdade é sedutora porque vivemos em uma cultura de mensurações, uma cultura na qual acreditamos que, só porque uma coisa pode ser mensurada, ela deve ser – e, além disso, de que aquilo que pode ser mensurado nos dirá algo significativo; nos revelará, afinal, a verdade.

Entretanto, os corpos em boa parte da pesquisa sexual são aqueles cuja manipulação precisa satisfazer as comissões de ética das instituições de pesquisa. Aos sujeitos é solicitado, com frequência, que não se masturbem, e é comum eles serem imobilizados – é difícil conseguir financiamento para a pesquisa sexual de uma maneira geral, mas é ainda mais difícil garantir financiamento para uma pesquisa que lide com masturbação ou com o sexo em si. O que então esses experimentos avaliam? Quando mensuramos o fluxo sanguíneo vaginal de uma mulher, com um pletismógrafo dentro dela, estando ela muito quieta, assistindo a uma variedade de pornografia (que ela não escolheu), sem se mexer, muito menos se tocar, por um período limitado, duvido que sejamos capazes de afirmar, de modo significativo, que o que observamos ali é a excitação sexual, muito menos o desejo, em ação. Acho que o que observamos é o fluxo sanguíneo vaginal de uma mulher, com um pletismógrafo dentro dela, estando ela muito quieta, assistindo a uma variedade de pornografia (que ela não escolheu), sem se mexer, muito menos se tocar, por um período limitado.

A excitação sexual costuma ser estudada em ambientes laboratoriais por meio da exposição a várias fontes de estímulo. Mas o que conta como estímulo legítimo? Às vezes, os estudos utilizam a imaginação, porém é mais comum a utilização de audiodescrições de atos sexuais, de imagens ou de filmes.[18] Esses estudos raramente avaliam os efeitos de tipos particulares

---

18. Para uma avaliação relevante das complexidades de mensuração nessa área, ver M. L. Chivers e L. Brotto, "Controversies of Women's Sexual Arousal and Desire", *European Psychologist*, p. 22(1), pp. 5-26, 2017.

de pornografia (embora também existam estudos desse tipo). Em vez disso, eles tendem a tratar a pornografia como um *input* neutro, a partir do qual podem ser geradas declarações sem contexto acerca da sexualidade feminina.

A pornografia, no entanto, é tudo, menos neutra – e a pesquisa que analisa especificamente as reações das mulheres a tipos distintos de pornografia revela que elas reagem de modo distinto, dependendo do que veem.[19] Ao que parece, elas registram maior excitação sexual subjetiva a filmes "centrados no feminino", em contraste com a típica pornografia disponível comercialmente. Além disso, essa última tende a diminuir a excitação sexual subjetiva nas mulheres, sem diminuir a reação genital. Ao assistir a pornografia genérica, portanto, a excitação fisiológica das mulheres é a mesma de quando elas assistem a outros tipos de pornografia, porém elas têm uma reação mais negativa diante do que estão vendo. Excitação genital é excitação genital, seja qual for o estímulo –, e as mulheres têm respostas subjetivas distintas para estímulos distintos.

Bem, é possível interpretar essa pesquisa como uma demonstração de que as mulheres *de fato* se excitam diante de qualquer pornografia, mas são desconectadas de sua própria excitação – com suas mentes em negação ou fora de sincronia com o que elas de fato apreciam ou desejam. Ou podemos interpretá-la de outra forma: que os corpos das mulheres reagem a quase todo tipo de pornografia (que, afinal de contas, é um estímulo poderoso destinado a produzir uma reação física), mas elas, como indivíduos, gostam apenas de alguns tipos. A excitação genital não nos diz tudo o que há para se saber acerca da percepção subjetiva da excitação sexual, do que alguém aprecia. Ela nos fala apenas da excitação genital.

Outro aspecto marcante é que as mulheres demonstram maiores níveis de excitação sexual subjetiva quando expostas a materiais que utilizam uma variedade de imagens, além de uma mistura de mídias contendo áudios, vídeos e material impresso. Uma variedade maior – de mídia, corpos

---

19. Ver M. L. Chivers, M. C. Seto, M. L. Lalumière, E. Laan, T. Grimbos "Agreement of Self-Reported and Genital Measures of Sexual Arousal in Men and Women: A Meta-Analysis", *Archives of Sexual Behavior*, 2010, p. 39, pp. 5-56; ver também M. L. Chivers & L. A. Brotto, "Controversies of Women's Sexual Arousal and Desire", *European Psychologist*, p. 22(1), pp. 5-26, 2017.

e atos –, além de videoclipes mais longos, diminui a lacuna, existente em outros estudos, entre as reações genitais e a excitação subjetiva. Não seria a tão discutida desconexão entre a excitação das mulheres e suas impressões subjetivas – a não concordância – uma interpretação equivocada, resultante do modo como a resposta sexual é estudada? Acho que sim.

Quando se subestimam determinadas condições – a imobilização, a brevidade dos videoclipes de pornografia padrão – e os dados revelam não concordância, é possível concluir que a percepção que as mulheres têm de sua excitação é curiosamente desconectada da excitação real, factual. Contudo, isso seria igual a pressupor que esses estudos *já sabem* o que excita as mulheres e que estudar a reação genital é o caminho para descobrir algo importante acerca da excitação subjetiva. Seria pressupor que o genital explica o sexual por inteiro. Na verdade, pressuposições acerca do que constitui o erótico estão sendo incutidas nos métodos que se propõem a estudar a resposta sexual. O que está sendo estudado talvez não conte, de maneira efetiva, como erótico para as mulheres – de modo que, nessas condições laboratoriais, não se trata de excitação sexual em curso e mulheres desconectadas dela; trata-se do fato de que o laboratório está estudando algo diferente da excitação sexual.

Nada disso é surpreendente. Por que foi que achamos que despir a sexualidade de seu contexto, de sua textura viva, e reduzi-la ao consumo passivo de conteúdos por uma pessoa presa a uma máquina teria algo significativo a nos dizer sobre qualquer coisa situada além daquelas condições específicas? As condições por si só são muito diversas dos contextos deveras integrados, psicológicos e interpessoais nos quais o sexo – seja ele bom ou ruim – acontece e nos quais o desejo aflora. A pornografia não é um *input* neutro capaz de provocar fenômenos – é uma tecnologia demasiado tendenciosa que afeta de modo excessivo os fenômenos sob análise. A crença nessas condições de pesquisa revela uma obstinada relutância em pensar no modo como corpos e processos fisiológicos se desdobram em um contexto incessantemente cultural.

É tentador descartar a subjetividade por considerá-la enganosa. Não obstante, talvez existam domínios nos quais seja justamente a subjetividade – o que as pessoas dizem que sentem, mais do que aquilo que seus corpos demonstram – o aspecto mais importante. E o sexo talvez seja esse domínio por excelência: o domínio no qual o duvidoso e o individual são absolutamente cruciais. O sexo é um dos fenômenos humanos mais difíceis de ser estudado porque é algo que acontece entre as pessoas, dentro de um contexto e em condições não replicáveis. A sexualidade traz para dentro de si uma quantidade infinita de material extrínseco. É imaginativa, conceitual, fantástica e impregnada de cultura. A fantasia, articulada em animadas explicações oriundas da pesquisa sexual ao longo dos anos, de ir além da desordem enganosa da mente para alcançar a verdade essencial do corpo – uma fantasia, a propósito, bastante arguta – se agarra à ideia de que, nas palavras da antropóloga Marilyn Strathern, "aquilo que é verdadeiro e natural está, acredita-se, sob a superfície".[20] Também se agarra à ideia de que somos capazes de encontrar uma tecnologia neutra com a qual poderíamos estudar o sexo, imperturbado, em seu ambiente natural.

As mulheres têm reações genitais a todo tipo de estímulo, inclusive, sim, chimpanzés, e estímulos referentes a ameaças sexuais[21] – sejam imagens ou fantasias de estupro ou ainda experiências de ataques reais. Conclusões precipitadas, tiradas com base em mensurações de excitação genital, quanto à verdade do que excita as mulheres e, mais ainda, quanto à verdade do que elas desejam, são espúrias. Gostamos de acreditar que o corpo não mente, mas tudo que o corpo faz é fornecer informações complexas. O corpo não é árbitro de nada, não deve ser árbitro de nada. Se nos importamos com o prazer e se nos importamos com o consentimento e também com o entusiasmo, então, em essência, é justamente à subjetividade que precisamos prestar atenção. Deveríamos priorizar o que as mulheres dizem, em toda sua complexidade, em vez de transformar em fetiche o que os corpos fazem, em nome de um cientificismo espúrio.

20. Marilyn Strathern, "The Tyranny of Transparency", *British Educational Research Journal*, p. 26(3), pp. 309-21, 2000.

21. Ver S. Both, W. Everaerd, E. Laan, "Modulation of Spinal Reflexes by Aversive and Sexually Appetitive Stimuli", *Psychophysiology*, p. 40, pp. 174-83, 2003.

Seja como for, o entendimento acerca do que o corpo comunica é bem diferente quando se trata do corpo dos homens. Em 1999, quando o político Bob Dole apareceu em uma campanha informativa sobre disfunção erétil (financiada pela Pfizer, fabricante do Viagra), ele deu um passo arriscado. O anúncio amenizava o provável constrangimento ao enfatizar que os problemas de ereção de Dole resultavam do tratamento para câncer de próstata. Isso afastava o problema (que outrora era referido por um termo mais estigmatizante: "impotência") da pessoa de Dole e o atrelava ao impessoal efeito colateral de uma droga.

Quando a Pfizer lançou o Viagra no mercado, em 1998, fez um grande esforço para ressaltar que a droga se aplicava a um problema fisiológico – uma falha técnica de natureza hidráulica; o fabricante não se referiu a uma deficiência no desejo ou na potência masculina.[22] Produtos farmacêuticos para disfunções eréteis são abundantes hoje em dia, mas, naquela época, a empresa abria um terreno novo, controverso. A estratégia de marketing insistia que o Viagra era uma droga vasocongestiva que aumentava o ingurgitamento, permitindo uma ereção mecânica; a droga não engendrava o desejo masculino, nem, por assim dizer, admitia a existência de um problema na potência masculina. É provável que a empresa tenha escolhido essa estratégia porque sabia que, nos homens, o baixo desejo é visto como algo emasculador. A maioria dos homens considera perturbadora e humilhante a incapacidade de manter uma ereção, justo a razão de o Viagra ter sido um produto de tanto sucesso para a Pfizer. A empresa também foi astuta ao perceber que a falta de desejo em um homem é incongruente; para um homem, é mais humilhante e talvez mais impensável deixar de sentir um desejo sexual subjetivo do que experimentar uma falha técnica na mecânica da excitação. O que é um homem, afinal, sem o desejo? Masculinidade é libido, apetite e excitação.

As mulheres – assim dizem autores, *coaches* de sedução e Christian Grey – são desconectadas da verdade que seus corpos "gritam", ou desonestas acerca dela. No universo do Viagra, por outro lado, não havia qualquer possibilidade de as impressões de um homem estarem "desconectadas" da

---

22. Ver A. Potts, V. Grace, N. Gavey, T. Vares, "Viagra Stories: Challenging 'Erectile Dysfunction'", *Social Science and Medicine*, p. 59(3), pp. 489-99, 2004.

verdade que seus corpos nos contam. Pelo contrário, a impressão subjetiva do interesse por sexo, a despeito da impotência, é vista como a verdade. É ele, não o corpo, que diz a verdade – e nós acreditamos nele. A pessoalidade e seu relacionamento com o corpo diferem em homens e mulheres: homens são autoridades de si mesmos; as mulheres não.

Em 1941, a Mulher Maravilha surgiu como personagem de tirinha, paramentada com botas de couro vermelhas e uma tiara dourada. Foi criada por Charles Moulton, pseudônimo de William Marston, em colaboração com a psicóloga Elizabeth Holloway, com quem Marston era casado. Holloway era uma das mulheres com quem Marston vivia um relacionamento a três; a outra era Olive Byrne, sobrinha de Margaret Sanger, ativista do controle de natalidade e defensora do amor livre. De acordo com Marston, a Mulher Maravilha inculcava uma "feminilidade forte, livre e corajosa",[23] inspirando meninas a serem autoconfiantes e a fazerem conquistas em áreas amplamente dominadas pelos homens. Ela era, segundo ele, "uma propaganda psicológica do novo tipo de mulher que deveria, acho eu, dominar o mundo".

A Mulher Maravilha usava um laço mágico que fazia qualquer um capturado por ele dizer a verdade. O laço tinha, como observou Jill Lepore em *A história secreta da Mulher Maravilha*, conotações BDSM de captura e de imobilização, talvez até de castigo. Ele também é, contudo, um tipo de polígrafo feminista, capturando a verdade e descobrindo mentiras. E quem tivera um papel fundamental no desenvolvimento do polígrafo moderno? William Marston.[24] Tecnologias mais antigas para detectar mentiras já

---

23. Ver Jill Lepore, "The Last Amazon", *New Yorker*, 15 de setembro de 2014 (as citações seguintes também são desse artigo); ver também Lepore, *The Secret History of Wonder Woman*, A. A. Knopf, 2014.

24. W. H. Marston, *The Lie Detector*, Richard Smith, 1938; G. C. Bunn, "The Lie Detector, Wonder Woman and Liberty: The Life and Work of William Moulton Marston", *History of the Human Sciences*, p. 10(1), pp. 91-119, 1997.

existiam,[25] enraizadas na criminologia do século XIX e baseadas na ideia de que a mentira caminha de mãos dadas com a excitação fisiológica: suor, ruborização e aumento do ritmo cardíaco. Porém o teste de detecção da pressão arterial sistólica de Marston, inventado em 1915, levou a tecnologia um passo à frente, medindo a pressão arterial em intervalos regulares durante os interrogatórios.

Sabe-se que os detectores de mentiras são duvidosos – e, mesmo assim, eles são usados de maneira rotineira em muitos lugares, em grande parte graças à defesa quase evangélica do método, capitaneada pelo próprio Marston. Ao longo dos últimos cem anos, houve um aumento exponencial do uso do polígrafo, ainda que se repitam as conclusões em torno de sua imprecisão científica. O polígrafo não atesta a declaração da verdade de modo confiável, e não existe um sinal fisiológico da mentira que seja 100% confiável (uma pulsação acelerada e o aumento do ritmo cardíaco podem indicar culpa, mas também nervosismo). Para alguns defensores de seu uso, o detector de mentiras é útil como ferramenta em um interrogatório no qual o examinador é tão importante quanto a máquina. O aparelho seria bom para obter confissões instantâneas e monitorar comportamentos, em parte por causa da "mentira de sua própria infalibilidade", nas palavras de Ian Leslie, em *Mentirosos natos.*[26] É como se ele acendesse um holofote nas consciências pesadas, naquelas convictas de que a tecnologia é capaz de revelar a culpa. Caso funcione, o detector atua mais como um placebo – porque as pessoas acreditam que ele funciona. Além disso, o detector tem um status cultural icônico: mostrado em inúmeros filmes, pressionando suspeitos molhados de suor e ameaçando revelar a verdade que seus corpos são incapazes de esconder.

O detector de mentiras, portanto, sempre teve raízes periciais, legais; desde sua concepção, esteve ligado ao crime e à declaração da verdade.

---

25. D. Grubin, L. Madsen, "Lie Detection and the Polygraph: A Historical Review", *The Journal of Forensic Psychiatry and Psychology*, p. 16(2), pp. 357-68, 2005; K. Segrave, *Lie Detectors: a Social History*, McFarland and Co, 2004. Para os usos do polígrafo no regulamento sexual, ver A. S. Balmer, R. Sandland, "Making Monsters: The Polygraph, the Plethysmograph, and Other Practices for the Performance of Abnormal Sexuality", *Journal of Law and Society*, p. 39(4), pp. 593-615, 2012.

26. Ian Leslie, *Born Liars: Why We Can't Live Without Deceit*, Quercus, 2011.

Mas, na mesma época em que começou a ganhar força, voltou-se, também, à definição da verdade em torno da sexualidade feminina. Em 1928, em um experimento no Embassy Theater, em Nova York não muito diferente daqueles conduzidos por pesquisadores sexuais da atualidade, Marston e Byrne fixaram medidores de pressão arterial em seis coristas – três loiras e três morenas – e registraram os níveis de excitação enquanto elas assistiam ao clímax romântico do filme mudo *A carne e o diabo*, produzido pela MGM em 1926 e estrelado por Greta Garbo. Repórteres e fotógrafos foram convidados a observar o experimento. (As morenas, aparentemente, se excitavam com mais facilidade do que as loiras.)

Nos primeiros anos de seus testes com pressão arterial, Marston havia exaltado, em vários artigos de revistas, as virtudes da tecnologia para o aconselhamento matrimonial. A confiabilidade de uma esposa, sugeria ele, poderia ser determinada ao se comparar a reação a um beijo do marido com a reação ao beijo de um homem bonito e desconhecido. Mais uma vez, portanto, o detector de mentiras estava, como sempre, preocupado em sondar as verdades do corpo escondidas pelas mentiras e pelas distorções do sujeito – a mulher. Nos primórdios do detector de mentiras, as mulheres eram vistas como inescrutáveis e, talvez, dissimuladas. O polígrafo iria desvelar os seus desejos sexuais, as verdades que o corpo revela.

O fetiche tecnológico da pesquisa sexual contemporânea é o pletismógrafo vaginal – uma sonda penetrante que, acredita-se, acessa a verdade em torno da sexualidade das mulheres. O polígrafo quer identificar a mentira; o pletismógrafo quer identificar a verdade. E ambos acreditam na mesma coisa – ou seja, que o corpo fala a verdade, toda a verdade. Se o corpo feminino não é uma superfície legível, então é uma profundidade legível. Tanto para o detector de mentiras quanto para o pletismógrafo, a verdade da sexualidade e da personalidade não está visível na superfície e, certamente, não é expressa de forma confiável pelo sujeito; reside, em vez disso, em algum lugar profundo, dentro de nós.

O pletismógrafo e o detector de mentiras tentam capturar aquilo que Linda Williams, seis décadas depois, chamaria de "o frenesi do visível".[27]

---

27. Linda Williams, *Hard Core: Power, Pleasure, and the Frenzy of the Visible*, Pandora, 1990 [University of California Press, 1989].

Williams escrevia sobre pornografia, em seu livro revolucionário *Hard Core* [Explícito], de 1989, um dos primeiros estudos acadêmicos sérios sobre o cinema pornográfico. Ela argumentava que um aspecto crucial no desenvolvimento da pornografia tem sido a busca por uma imagem inviável do prazer feminino – uma imagem que copiasse a demonstração demasiado visível da ereção e da ejaculação nos homens. A fantasia central do filme de pornografia explícita é, segundo ela, a tentativa de "capturar esse frenesi do visível num corpo feminino cuja excitação orgástica nunca pode ser mensurada com objetividade".

O polígrafo mede a excitação fisiológica a fim de capturar uma verdade esquiva, e o mesmo acontece com a mensuração da excitação genital por meio do pletismógrafo. Há algo inegavelmente sexual nessa epistemologia compartilhada; nessa preocupação em enquadrar e em tornar visível um desejo feminino indefinível. Sua captura é erótica; é a verdade fugidia da sexualidade das mulheres finalmente laçada. É a gozada explícita: enfim a sórdida verdade!

A mulher investigada pela pesquisa sexual – na verdade, a mulher criada por ela – mantém o desejo escondido de si e dos outros. Pesquisadores sexuais e seus entusiastas insistem que a sexualidade feminina deve se tornar visível, ser trazida à luz; a excitação deve ser monitorada e investigada; o desejo deve ser desmascarado e revelado. Mas por que os segredos do desejo devem ser descobertos?

No filme *Female Human Animal*, de Josh Appignanesi, a escritora Chloe Aridjis, que interpreta uma versão fictícia de si mesma, está concluindo a preparação de uma exposição, de sua curadoria, da artista Leonora Carrington. À medida que cuida dos últimos detalhes, ela percebe um homem desconhecido e atraente que parece brincar com ela de algum tipo de esconde-esconde nos salões da galeria Tate, em Liverpool. Por trás de uma janela, ele imita sons de pássaros; ela o vê, de relance, através de uma cortina de plástico que ainda separa dois dos salões; ela o encontra, ela o perde de vista; ela sai do prédio, vislumbra o homem num segundo, perde-o de vista outra vez. Ela pede informações na recepção do edifício. Enquanto luta para descrevê-lo à recepcionista – sem jeito, balbuciando –, alguém surge atrás dela: um policial da Scotland Yard. Num tom um tanto malicioso e invasivo, ele explica que um homem alto, de cabelo escuro, foi visto rondando o edifício. O detetive insinua que o homem é perigoso, embora, em tom de provocação, se mostre evasivo quanto aos detalhes.

As fantasias de Aridjis foram acionadas pela figura enigmática e elusiva que ela vislumbrou; seu desejo e sua curiosidade foram despertados. E na esteira do momento desse despertar – assim que ela verbaliza o desejo –, uma perspectiva judicial é evocada. *Female Human Animal* alude à sombra legalística e criminosa que ronda o desejo das mulheres. As mulheres temem, com razão, o homem violento, mas também temem, com razão, o questionamento do desejo, temem ser chamadas a prestar contas do desejo, temem ser vistas sob a luz inclemente de um interrogatório; literalmente, no tribunal, e, de modo figurado, em suas cabeças.

Precaução e suspeita, risco e perigo, entram em cena assim que o anseio e a curiosidade surgem, e o espectro da responsabilidade das mulheres em relação àquele perigo paira no ar – uma vez que, afinal de contas, ela foi avisada. Assim que uma mulher articula um desejo, a culpa entra em ação. Desejo e criminalidade, anseio e responsabilidade, são despertados em conjunto. Para as mulheres, o desejo leva ao interrogatório; à curiosidade, à suspeita; o anseio traz a lei para dentro de nossas cabeças, o jurídico para dentro de nossos prazeres.

Aridjis foi desmascarada. Depois de algumas noites agitadas e confusas, ela volta para casa de manhã cedo e se depara com o esquivo desconhecido na frente de casa. Eles marcam um encontro no parque Hampstead Heath. Ele é esquisito, excêntrico, às vezes engraçado, às vezes estranho e constrangedor. Eles acabam indo parar no saguão de um hotel, onde uma conversa frenética se desenrola. Eles sobem para o quarto dele; cercam um ao outro. Os dois se beijam; vão para a cama. Ele vai ao banheiro, de onde ressurge, de repente, segurando um pedaço de plástico com o qual tenta sufocá-la. Ela consegue escapar; o homem a segue e a persegue pela charneca. Ele a alcança e parece tentar matá-la, mas o ponto de vista muda, volta-se para a grama – o canto dos pássaros matinais está a toda – e, quando retorna, é Aridjis quem o está golpeando com alguma coisa. Temos a impressão de que ela conclui o serviço; não conseguimos ver direito.

No início do filme, Aridjis se sentia desconfortável, lutando para se expressar; sentia-se desarticulada e sobrecarregada quando falava em público; estava ansiosa por causa do discurso que precisava fazer na abertura da exposição. Depois da charneca, depois da violência matinal, ela retorna à vida rejuvenescida, energizada, afiada. Incisiva e cheia de confiança, entrega um manuscrito a um temido editor, que adorava intimidá-la por causa de seus conflitos; ele fica desconcertado diante de sua postura vigorosa. Ela fala com desembaraço, prazer e concisão nas entrevistas sobre Carrington. Sua verve está de volta; a vida lhe parece mais nítida, mais clara. Quando os amigos lhe perguntam sobre o encontro com o desconhecido, ela diz "Ah, acabei esmagando a cara dele com uma pedra". Todos riem.

A narrativa à qual muitos comentaristas atrelam a pesquisa sexual é esta: as mulheres têm desejos vorazes mantidos sob controle por uma sociedade que as faz sentir vergonha do próprio apetite sexual. O desejo feminino é poderoso, porém reprimido – e insistir na força do "verdadeiro" desejo das mulheres é, por definição, libertador. O conhecimento – o conhecimento científico acerca das mulheres – equivale à emancipação; em particular, quando ele revela uma libido robusta.

Essa narrativa, porém, dialoga com uma preocupação mais profunda e mais obscura. A premissa que paira por trás dessa pesquisa, e de toda a conversa em seu entorno, é a de que precisamos conhecer a verdade acerca do desejo sexual feminino a fim de nos pronunciarmos sobre a tensa dinâmica que opera entre homens e mulheres – a dinâmica que, nos últimos anos, vimos se desenrolar com tanta incompreensão mútua, com tanto ódio e com tanto ressentimento. Isso também ecoa a retórica do consentimento; enfatizar o desejo feminino pode tornar o entusiasmo verbal por sexo, nas mulheres, livre de estigmas, o que as manteria em segurança e diminuiria a probabilidade de mal-entendidos. Uma deliberação final e uma descrição adequada da sexualidade feminina se tornam um meio para tratar e resolver a violência sexual.

106

Mas o viés pericial e detetivesco desses estudos – a caça à sexualidade feminina – é motivado pela necessidade de descobrir se uma mulher *realmente* queria alguma coisa. Por que o desejo das mulheres é tão carregado de sentido, tão denso; por que somos tão obcecados por ele? Porque lhe são atribuídas importantes funções: uma delas é conferir às mulheres a responsabilidade de gerenciar o risco da violência causada a elas; a outra é livrar a cara de alguém. O desejo secreto de uma mulher deve ser descoberto a fim de que possamos decidir se as ações de um homem são justificáveis. O desejo feminino pode absolver um homem.

Mas por que é preciso colocar nas mulheres – na sua sexualidade, nas verdades que descobrimos sobre elas – o fardo de tornar o sexo bom novamente? Por que caberia às mulheres, ou à própria sexualidade, o fardo de fenômenos que são inerentemente sociais e, sem dúvida, coletivos; que estão entrelaçados de modo inseparável a normas de masculinidade?

A não concordância – a suposta disjunção entre o que os corpos fazem e o que as mulheres dizem – tem provocado tamanho interesse justamente por sugerir que as mulheres não se conhecem. E isso gera preocupação porque contamos muito com o conhecimento das mulheres acerca de seus desejos. Fazemos desse autoconhecimento uma condição para a segurança delas no sexo; para a possibilidade do prazer e da não violência; para a proteção dos homens quanto a acusações confusas – e para um feminismo bom e assertivo. A não concordância é um fato inconveniente: se as mulheres não conhecem os próprios desejos reais, físicos, não podem cumprir a determinação de saber o que desejam e de declará-lo em voz alta e confiante. Não podem ser bons sujeitos sexuais, as cidadãs ideais sobre cujos ombros repousa o sexo ético, não coercivo e prazeroso. Elas são obstáculos para o próprio empoderamento e para a própria segurança.

Ao pedir às mulheres que descubram, que conheçam e que digam a verdade acerca de seus desejos reprimidos, nós contamos com o autoconhecimento contra a repressão – com a autotransparência contra a escuridão. Se uma mulher não conhece ou declara seus desejos, ela é efetivamente culpada da própria repressão – e, também, da possibilidade de ser coagida por terceiros. A pesquisa sexual também incorpora essa terminologia implacável. Cabe ao conhecimento científico empoderar e proteger as mulheres.

Mas, se queremos sexo bom – sexo que seja excitante, divertido e não coercivo –, não precisamos ser requisitadas a agir e a falar como se sempre soubéssemos, de fato. É comum deixarmos que o medo da violência e a necessidade de gerenciar seus riscos determinem nosso pensamento de modo tão profundo que tentamos organizar nossa sexualidade em função dessa violência – tentamos definir a sexualidade de tal maneira que ela possa nos proteger da violência. Mas a sexualidade das mulheres não deveria precisar ser imune ao abuso para que elas não fossem abusadas. Não é das mulheres o ônus de ter uma sexualidade que não admita abuso; cabe aos outros não abusar das mulheres. Fazer de certo conhecimento um fetiche não abre caminho para um sexo rico, excitante e prazeroso, nem para mulheres nem para homens. Precisamos explorar o desconhecido.

4

VULNERABIL

É tentador insistir que as mulheres sejam autoridades no que se refere aos próprios desejos; que elas saibam, sem sombra de dúvida, o que querem. Mas, afinal, quem entre nós é especialista em si mesmo, seja no que se refere à sexualidade ou a qualquer outra área? Acredito que ninguém – e não acho que insistir nisso possa nos levar muito longe. As mulheres não são especialistas em si mesmas – não porque elas, ao contrário dos homens, tenham dificuldade em detectar seus "verdadeiros" desejos, mas porque ninguém é autoridade em autoconhecimento; talvez, principalmente, quando se trata de sexo. E por que uma mulher deveria ser obrigada a se conhecer para poder estar a salvo da violência?

Em uma entrevista sobre décadas de ativismo e produção escrita, a teórica feminista Ann Snitow[1] disse: "Estamos tentando deixar claro que a violência contra as mulheres é inaceitável, tentando expor essa violência sem nos aterrorizarmos. Manobra difícil."

Mithu Sanyal, no livro *Rape* [Estupro], escreve que ativistas que têm denunciado casos de estupro, paradoxalmente, atingiram o ponto exato que algumas feministas acreditavam ser o objetivo dos homens: levar "uma parte significativa da população feminina a viver em medo constante".[2]

—

1. Sarah Leonard e Ann Snitow, "The Kids Are Alright: A Legendary Feminist on Feminism's Future", *The Nation*, 18 de outubro de 2016, thenation.com.

2. Mithu Sanyal, *Rape: From Lucretia to #MeToo*, Verso, p. 34, 2019.

Ao encorajar mulheres a prestar muita atenção à violência masculina e à própria vulnerabilidade, corre-se o risco de aterrorizá-las e de levá-las a um estado de inação e passividade. Pode, ainda, ser um pretexto para controlá-las – uma dinâmica que a escritora estadunidense Susanna Moore explorou em seu romance de 1995, *O corte*.[3] A protagonista Frannie se envolve com Malloy, um detetive que investiga o assassinato de uma jovem ruiva em Manhattan – uma mulher que Frannie tem certeza de ter visto fazendo um boquete nele na noite do assassinato. No livro, vários homens – Malloy, o amigo John, o aluno Cornelius – invocam repetidas vezes a vulnerabilidade das mulheres nas ruas ou em suas próprias casas. Malloy segue "preocupado com minha segurança. Não sou cuidadosa o suficiente. Eu não deveria usar o metrô. Não deveria falar com estranhos. Deveria trancar a porta. Ele diz que seria fácil entrar no meu apartamento, do jeito que eu levo a vida".

A ameaça de violência, aquela possibilidade sempre à espreita, abre espaço para a proteção das mulheres pelos homens, mas também franqueia o acesso a elas. Invocar essa ameaça é, portanto, também, um alerta, uma forma de tornar todo e qualquer gesto e passo da mulher um gerenciamento mais ou menos responsável pelo risco naturalizado da violência. *Ela foi avisada. Deveria ter sido mais esperta.*

À medida que a caçada pelo assassino da ruiva se intensifica, e Frannie se sente vigiada por vários homens, seu envolvimento sexual com Malloy – que, ela ainda teme, pode ser o assassino – se aprofunda. E, então, algo terrível acontece: Frannie encontra um corpo, um corpo de uma pessoa querida; o agressor voltou a atacar. Malloy chega à cena do crime e, mais tarde, ela pergunta o que ele viu, o que fez – ela quer conhecer os detalhes horrendos, e ele pergunta por quê. "Para que eu possa imaginá-los", responde ela. "Para que eu possa dormir". Ela quer visualizar aquilo que a atemoriza, que a assombra. Será que precisamos encontrar meios de imaginar – e, assim, domar – aquilo que mais tememos? Quando é que o medo – do ataque, de que o pior aconteça – é nosso ou, em vez disso, fruto da imaginação de alguém? Quando é que o medo é um espectro a que fomos expostas e que outros nos encorajaram a imaginar, nos detalhes mais sinis-

---

3. Susanna Moore, *In the Cut*, A. Knopf, 1995. [Ed. bras.: O corte, Rio de Janeiro: Record, 1996].

tros? Talvez precisemos imaginar o pior para poder mantê-lo a distância; imaginar para fazer desaparecer, apropriar-se dele e afastá-lo. Não é de se estranhar que o sexo se torne psiquicamente contaminado pela violência.

Antes do final chocante da história, Malloy fala com Frannie, que estuda dialetos regionais, sobre uma expressão. Ela toma nota: "*in the cut*" [no corte]. Trata-se de uma expressão usada por apostadores, derivada de "vagina" e que significa, segundo ele, "um esconderijo. Para garantir a aposta. Um lugar seguro, um lugar livre do perigo". Seguro para quem? Enquanto isso, a vida erótica de Frannie caminha no limiar entre o prazer oriundo da vulnerabilidade e da complacência e o medo desse mesmo prazer. Certa noite, ela e Malloy fazem sexo no escritório dele; ele a vira de costas, a imobiliza com algemas e, então, introduz os dedos em seu ânus.

> "O que você está fazendo?", sussurrei. Embora eu soubesse. Foi como se eu tivesse de fingir que não sabia o que ele estava prestes a fazer comigo. Abrindo o que estava fechado. Insistindo. Me consertando. Tirando o lacre. Finalmente. Eu, que nunca quis pertencer a um homem. Eu, que nunca quis pertencer a ninguém. Eu não queria ser consertada, imobilizada, destrancada, ter o coração despedaçado.

No entanto, logo em seguida, ela diz: "Eu queria ser consertada, ser imobilizada. Aberta. Pude ouvir o velho desejo de ser escolhida, perseguida, disputada."

Frannie precisa fingir para os outros e para si mesma que sabe menos sobre o próprio desejo do que pensa que sabe. E, ainda assim, também é verdade que ela não conhece o próprio desejo, porque ele nunca se define e porque ela luta com o medo. Ela tanto quer quanto não quer ser consertada através do sexo. *O corte* é profundo e dolorosamente erótico; não apesar de, mas por causa de seu reconhecimento de que a violência paira por toda parte. O sexo, se tivermos sorte, não é apenas excitante e satisfatório; ele toca também em nossos medos e dores mais profundas.

Porém, como não nos assustarmos? Como vimos, muitos críticos têm levado as mãos à cabeça e verbalizado certa impaciência em torno de um feminismo que enfatiza a vulnerabilidade das mulheres em relação à violência; Laura Kipnis escreveu em *Unwanted Advances* [Avanços indesejados] que não consegue pensar em "nada melhor para subjugar as mulheres do que convencê-las de que o abuso está em toda esquina".

Mas isso com certeza é um falso binarismo. Não precisamos negar a violência dominante a fim de manter a porta aberta ao erótico, nem precisamos trancafiar o erótico a fim de dar à violência o tratamento adequado. Parte do poder de *O corte* está em dar amplo espaço ao prazer do sexo e, ao mesmo tempo, escancarar seus terrores. No livro, desejo e medo não são colocados um contra o outro, numa representação da vida sexual, nem separados em domínios distintos. Em vez disso, os dois têm a devida relevância psicológica. O desejo pode ter várias facetas, e a violência cintila à nossa frente sempre que ele aparece. *O corte* reconhece que ameaça e medo podem ser recrutados pelo erótico; algo que ignoramos, para risco nosso.

Em *What You Really Really Want: The Smart Girl's Shame-Free Guide to Sex and Safety* [O que você quer de verdade: o guia despudorado de sexo e segurança para a mulher esperta], publicado em 2011, Jaclyn Friedman diz às moças e às mulheres a quem o livro é destinado que "a primeira pessoa com quem você precisa aprender a se comunicar sobre sexo é você mesma".[4] Se você "não consegue admitir a si mesma o que quer e o que não quer quando se trata de sexo, não tem condições de compartilhar essa informação com mais ninguém". Uma das principais dificuldades enfrentadas pelas mulheres, de acordo com Friedman, está nos obstáculos à descoberta dos desejos "reais". "Quando se trata de sexualidade, como você se define em uma cultura determinada a fazer isso por você?", pergunta o livro. Da mesma forma, em *Mind the Gap: The Truth about Desire and how to Futureproof your Sex Life* [Cuidado com o vão: a verdade sobre o desejo e como preparar

---

4. Jaclyn Friedman, *What You Really Really Want: The Smart Girl's Shame-Free Guide to Sex and Safety*, Seal Press, p. 188, 2011.

sua vida sexual para o futuro], Karen Gurney escreve que "é essencial ter um entendimento claro de como funciona sua própria sexualidade, antes de esperar que ela se encaixe com perfeição na do parceiro".[5]

É claro que esses livros não são os vilões em uma cultura sexual que tantas vezes funciona de modo lamentável para as mulheres; eles levantam questões genuinamente importantes e são guias úteis, em especial para mulheres às voltas com pressões conflituosas e demandas impossíveis. Muitas precisam desesperadamente ouvir que merecem explorar a própria sexualidade, livres de pressões; que talvez existam coisas que elas querem, de que gostam e que não são proporcionadas nem por seus parceiros, nem pelas imagens com as quais se deparam no meio cultural; que elas podem dizer não e que podem, também, dizer do que gostam. Tudo isso é crucial, ainda mais quando levamos em conta a educação sexual absurdamente inadequada a que se tem acesso em tantos países e o silêncio quase total sobre o prazer feminino na matéria – quando levamos em conta, também, a pesquisa que sugere que o prazer tem baixíssima prioridade para as próprias mulheres, que consideram o prazer e a satisfação dos parceiros masculinos muito mais urgentes do que os seus.[6]

Porém, talvez seja ilusória a ideia de que temos uma sexualidade que pode ser descoberta *a despeito das interações com outras pessoas*. A dificuldade com a noção em torno do que alguém quer "de verdade" – sua descoberta e seu uso no sexo, como se fosse um objeto – não é apenas que, no sexo, é preciso partir de algum lugar: é o fato de que, no sexo, há uma primeira vez para tudo, e é inevitável que isso seja desconhecido e cheio de incertezas. Além disso, cada encontro sexual é único e traz em si uma poderosa indeterminação; nunca sabemos o que vai acontecer em uma dada experiência sexual ou como vamos nos sentir a respeito dela – a despeito do que tenhamos feito e do que tenhamos gostado antes. E esse é o poder do erótico.

Gurney escreve que uma mulher criada em uma família que a encorajou a buscar o prazer sem constrangimento e que desfrutou da masturba-

—

5. Karen Gurney, *Mind the Gap: The Truth About Desire and how to Futureproof your Sex Life*, Headline, p. 64, 2020.

6. Ver Peggy Orenstein, *Girls and Sex*, Harper Collins, 2017.

ção como parte do início de sua experiência sexual terá "aprendido como gosta de ser tocada."[7] Porém, isso é um exagero. Nossa sexualidade não é algo que podemos descobrir sozinhas, por inteiro, e, depois, ajustar – ou "encaixar" – à sexualidade de outra pessoa. O modo como nos tocamos nem sempre é um mapa para como gostamos de ser tocadas por outra pessoa; masturbação não é sexo. Parte das alegrias do sexo pode estar justamente na descoberta de novas e diferentes formas de sermos tocadas, em estarmos vulneráveis ao desconhecido.

A ideia de que, sozinhas, somos capazes de descobrir nossa sexualidade é uma reação compreensível aos receios em torno das péssimas experiências sexuais vividas por tantas mulheres. Ter os limites violados e as falas ignoradas ou experimentar pouco prazer no sexo também pode gerar nas mulheres certa insegurança diante da vulnerabilidade, da receptividade e da permeabilidade. A importância do autoconhecimento e do estabelecimento de limites também resulta das experiências de violência racista e da injúria. Como escreve Audre Lorde, no ensaio *"Scratching the Surface: Some Notes on Barriers to Women and Loving"* ["Para começo de conversa: notas acerca dos obstáculos para as mulheres e o amor"], "é axiomático" quando se trata de mulheres e de homens negros "que, se nós não nos definirmos, seremos definidos pelos outros – para usufruto deles e em nosso detrimento".[8]

Para muitas mulheres, a vida – assim como o sexo – é uma disputa complexa entre a necessidade, por um lado, de endurecer, de se fortificar e de repelir, e, por outro, de aceitar, de se entregar, de ceder. As mulheres em especial sabem da vulnerabilidade que domina suas vidas – elas são levadas a saber disso de modo doloroso, à força, muitas e muitas vezes, seja na forma de uma violação ou de uma invasão real, seja por meio de avisos constantes. É muito tentador fantasiar que se é inviolável, completamente autônoma e detentora de limites bem traçados – e, portanto, capaz de evitar a invasão. Ao se sentir vulnerável, é tentador para a mulher se ar-

---

7. Gurney, p. 92.

8. Audre Lorde, "Scratching the Surface: Some Notes on Barriers to Women and Loving" (publicado inicialmente em 1978), em *Your Silence Will Not Protect You*, p. 13, Silver Press, 2017.

mar contra a vulnerabilidade – a fantasia de se endurecer de modo que nada possa feri-la. O efeito colateral, contudo, é que nada pode atingi-la. Como se proteger sem negar a vulnerabilidade e tudo que ela proporciona? "Como", pergunta Lorde, "sentir amor, como não descartar o medo sem ser dominada por ele, como apreciar o sentimento profundo?"[9]

Quando se trata de sexo, há prazer possível na vulnerabilidade. Essa pode ser a chave para um sexo prazeroso – a recompensa vertiginosa por colocar os pés na água com hesitação, sentir o choque do contato e o alívio na descoberta do êxtase. Precisamos estar vulneráveis – correr riscos, abrir-se ao desconhecido – se quisermos experimentar o prazer da transformação. Esse é o dilema: prazer envolve risco, e isso nunca pode ser desconsiderado ou evitado. Não é nos endurecendo diante da vulnerabilidade que nós – qualquer uma de nós – vamos encontrar realização sexual. Mas admitindo e nos abrindo para nossa vulnerabilidade universal.

A receptividade também pode ser uma parte crucial do prazer. Trata-se de uma característica delicadamente ambígua; é acolhedora, aberta e convidativa – e, por isso, é também um risco. Absorver as coisas, ser permeável – estar suscetível às necessidades e aos desejos do outro –, é o que torna uma pessoa sensível aos sentimentos alheios e o que a deixa à mercê dos outros.

Quando convido alguém – quando quero que a pessoa se aproxime –, nunca tenho certeza se a pessoa vai se aproximar da forma que eu quero. Nem é sempre que sei *a priori* como quero que se aproximem. Por isso o convite ao sexo é assustador, e por isso pode ser tão tocante. Ser o foco do desejo do outro e ser surpreendida pelo desejo do outro são exercícios de confiança mútua e de negociação do medo. Quando funcionam, podem ser uma experiência milagrosa; uma colisão mágica, segura e arriscada na medida certa, confortável e desafiadora em proporções adequadas. É rara a estranha alquimia de corpos e mentes que pode gerar essa mescla de familiaridade e de estranhamento, de conforto e de surpresa. Por ser rara, deve ser apreciada.

---

9. Audre Lorde, "Man Child: A Black Lesbian Feminist's Response" (publicado inicialmente em 1979), em *Your Silence Will Not Protect You* (Silver Press, 2017), p. 47.

Deixar a coisa fluir no sexo – deixar-se ir a zonas de intensidade, ao frágil limiar entre saber e não saber o que se quer, entre controlar o ato e deixar o ato assumir o controle; ser jogada para fora do canal direto na correnteza que a levará só Deus sabe onde – envolve o depósito de uma imensa carga de confiança no outro, a crença de que o outro vai renunciar à liberdade de abusar. Queremos ser capazes de dizer: eu confio que você não vai me machucar. Confio que não vai abusar de seu poder.

Isso, claro, é muito difícil – ilusório, talvez. Com sorte, vivemos ao menos momentos fugazes desse tipo. E essa entrega é arriscada para as mulheres, uma vez que muitos homens abusam da vulnerabilidade inerente ao sexo; uma vez, também, que a cultura está sempre apta a enxergar a entrega da mulher ao sexo como um abandono da autonomia e da segurança. (Lembra-se de como a frase "Me fode mais forte" ou o sexo de quatro ressurgiram para assombrar uma mulher em um tribunal?) Os homens, também, têm muito a temer com essa entrega, uma vez que são socialmente punidos por abandonar uma posição de domínio. O sexo é uma área de precariedade marcante, assim como dor e trauma o são para muitas pessoas, a despeito do gênero. E um ideal de vulnerabilidade prazerosa pode ser tão obscuro e inacessível para nosso entendimento predominante acerca do sexo que, como resultado, a linguagem do autoconhecimento cristalino e transparente em torno do desejo se torna ainda mais sedutora.

Muito já foi dito acerca de como adeptos de BDSM ou da "perversão" dominam de forma admirável uma abordagem franca, explícita e pragmática em relação ao consentimento.[10] Que eles tenham desenvolvido tal abordagem – conversas francas, acordos explícitos – não é fruto do acaso. Assumir posições vulneráveis nas quais há risco de se ferir, nas quais a dor é considerada e permitida, e nas quais o sexo brinca de forma escancarada com a dominação e com limites entre querer e não querer torna crucial a existência de regras claras, de limites explícitos e de palavras de segurança que sinalizem uma necessidade inegociável de parar. Para começar, esta-

---

10. Ver D. Langdridge, M. J. Barker, *Safe, Sane and Consensual: Contemporary Perspectives on Sadomasochism*, Palgrave, 2007; Kitty Stryker, *Ask: Building Consent Culture*, Thorntree Press, 2017.

belecer os limites – declarar o que se vai e o que não se vai fazer – pode ser uma condição importante para a mera possibilidade do prazer.

Qualquer sexo, na verdade, brinca com poder e com renúncia; com o espaço ambíguo entre desejo e incerteza. Em qualquer sexo, estamos no mais puro estado de vulnerabilidade: despidos e suscetíveis, tanto física quanto psicologicamente. E, em qualquer sexo, há segurança e conforto no estabelecimento *a priori* de nossos desejos, de nossos prazeres, nas declarações do que fazer e do que não fazer, de sim e de não. Esse tipo de negociação antecipada – consigo mesma ou com qualquer outra pessoa – pode ser uma condição necessária à experiência do prazer, da entrega e de qualquer experimentação; pode ser a única posição a partir da qual o prazer tenha a chance de surgir. E diante de homens insistentes, escolados no direito ao corpo das mulheres, uma declaração enfática de autoconhecimento, dos limites de cada um, faz todo sentido.

O risco é esses limites – essas declarações do que se quer e de quem se é – se tornarem um traço definitivo de alguém, e não uma postura estratégica; o risco é esses limites começarem a se estabelecer e a se sedimentar, quando um dos prazeres do sexo está precisamente na maleabilidade, na habilidade de se desdobrar de maneiras imprevisíveis; na nossa própria capacidade de chegar a um lugar que não tínhamos previsto. Não devemos confundir uma estratégia de prevenção à dor com algo que ela não é: uma verdade essencial sobre quem somos. Agarrar-se ao que sabemos acerca de nós mesmas pode ser um sintoma do problema, não a solução ideal. Aquilo que nos é familiar não deveria constituir os limites de nossos horizontes; deveríamos almejar algo maior.

Em *Sex, or the Unbearable* [*Sexo, ou o intolerável*], Lauren Berlant e Lee Edelman ressaltam que a ansiedade pode sinalizar nossa "aproximação extrema àquilo que tendemos a apreciar". O sexo, sugerem eles, se reveste de "um fardo tão carregado de boas expectativas e de uma carga muitas vezes esmagadora de ansiedade" porque, quanto mais nos aproximamos do prazer, "maior a necessidade de nos defender". O sexo pode levar à ansiedade e a uma postura defensiva *exatamente porque* é uma área na qual corremos o risco de sentir prazer intenso. A renúncia ao controle pode ser tão desestabilizadora que queremos interrompê-la, e queremos defender, nas palavras de Berlant e Edelman, "nossa suposta soberania".[11] E eis o cerne da questão: sexo e desejo comprometem nosso senso de soberania, de autoconhecimento e de estar no controle. Eles puxam nosso tapete. Não é de se admirar que, nas mulheres, isso possa provocar extrema relutância e que, nos homens, isso possa provocar sensações de desamparo e de ódio que precisam ser compensadas.

*

Atlantique, primeiro filme dirigido por Mati Diop, conta a história de Ada, uma jovem de Dacar prometida em casamento a Omar, um jovem rico da cidade. Ada, porém, apaixona-se por Souleiman, um dos muitos operários da construção civil empregados numa obra que não pagava os trabalhadores havia meses. Souleiman, acompanhado de muitos outros, decidem cruzar o mar em busca de trabalho na Espanha. Ele não consegue retornar – ou, melhor dizendo, ressurge numa forma misteriosa, fantasmagórica – e, nesse meio-tempo, Ada, relutante, se casa com Omar. Mais tarde, ela o abandona e o deixa arrasado. Quando ela diz que não vai voltar para casa, ele dispara: "tanto faz, você não me deixava de pau duro." Essa é uma manobra familiar diante da rejeição: o insulto, a punição, a retratação da declaração de desejo.

Por que a recusa ao sexo provoca tamanha ira? Que incertezas, que vulnerabilidades são afetadas e bloqueadas no relacionamento dos homens com o sexo, e a que custo, não apenas para o prazer e para a segurança das mulheres, mas também para as experiências prazerosas dos homens? Muitos, incluindo Freud, argumentam que o desenvolvimento da masculinidade heterossexual envolve uma necessidade premente de desidentificação em relação à mãe – a mãe de quem todos já dependemos para sobreviver. Para os meninos, essa necessidade pode se tornar inextricavelmente emaranhada à hostilidade – e com recusa ou rejeição a

—
11. Lauren Berlant, Lee Edelman, *Sex, or the Unbearable*, Duke University Press, 2013, todas as citações, p. 8.

tudo que seja considerado feminino, a tudo que seja associado à mãe. Isso inclui, é claro, dependência, vulnerabilidade e permeabilidade. É preciso se desfeminilizar a fim de não ser fragilizado pelos relacionamentos; é preciso se livrar da dependência associada à infância e trocar a lealdade à "mãe da dependência" pela lealdade ao "pai da liberação", nas palavras da psicanalista Jessica Benjamin.[12] Nesse processo, desejo e amor podem se separar de modo doloroso; a mãe pode ser amada, mas não é uma criatura sexual; e a criatura sexual que se deseja não pode ao mesmo tempo ser amada.

A desidentificação com o feminino é mais uma razão pela qual, na cultura do consentimento, a evocação de uma mulher idealizada e ávida de desejo é uma faca de dois gumes. Essa mulher figura no pensamento feminista como o horizonte possível: num mundo livre de verdade, as mulheres poderiam ser tão libidinosas e francas em relação ao assunto quanto os homens. Ela figura também, é claro, como objeto de desejo dos homens: a mulher que é uma metáfora pornográfica, que topa tudo e qualquer coisa, não reprimida, liberada. Ao encorajar mulheres a serem francas e seguras acerca de seus desejos sexuais, defensores da cultura do consentimento as encorajam a se tornar o objeto de uma fantasia masculina. Porém, ser objeto de uma fantasia masculina é temerário: ela pode incitar aprovação, excitação, deleite, mas pode também provocar – às vezes, na mesma pessoa – nojo, desprezo e hostilidade. Uma mulher ávida sexualmente pode tanto se tornar o desejo realizado quanto o objeto odiado, e um homem pode, simultaneamente, se sentir ávido *e* detrator; excitado *e* punitivo.

Alguns homens hostilizam aquilo que desejam; alguns homens sentem desprezo por aquilo que desejam; para alguns, a "aquisição" do desejo leva, de modo inevitável, a odiá-lo – uma dinâmica à qual D. H. Lawrence aludiu em seu ensaio de 1929, *Pornografia e obscenidade*, ao escrever que muitos homens, depois de fazer sexo com uma mulher, "sentem, cheios de triunfo, que causaram mal àquela mulher, e que, portanto, ela se torna mais rebai-

---

12. Jessica Benjamin, *The Bonds of Love: Psychoanalysis, Feminism, and the Problem of Domination*, Pantheon Books, p. 133, 1988.

xada, mais vulgar, mais desprezível do que antes".[13] Além disso, homens podem, ainda, experimentar uma sensação de emasculação em relação à mulher ávida, uma vez que ser o parceiro ávido é um papel destinado a ele. "Acho ainda mais encorajador – ainda mais excitante! – quando uma jovem diz não", diz um rapaz a Delphine Dhilly e Blandine Grosjean no documentário *Sexe Sans Consentement* [Sexo sem consentimento], de 2018. Mais uma razão, portanto, pela qual o entusiasmo que a cultura do consentimento tem pelo sim não vai muito longe: mulheres que dizem não, ou que demonstram relutância, podem parecer mais atraentes a um homem não só porque isso mostra que não são promíscuas, mas porque elas representam um desafio valioso para eles, um desafio cujo sucesso reafirma a destreza masculina. (Especialistas da sedução que se vangloriam de vencer a "resistência simbólica" e a "resistência de última hora" não querem de verdade um mundo no qual as mulheres não sintam constrangimento sexual; o que eles querem é ser aqueles que vão subjugar esse constrangimento. Eles precisam da relutância das mulheres para sentir o próprio poder.) As mulheres podem, portanto, se sentir seguras dizendo não, pois isso salvaguarda a sensação masculina de poder, e elas sabem que pode ser perigoso subestimar essas sensações.

A linguagem hostil encontrada com frequência na pornografia – *Tome isso, sua puta; Você adora essa porra, sua puta* – com certeza passa a ideia de que as mulheres não deveriam gostar de sexo; de que, caso gostem *de verdade*, são dignas de desprezo. Mas ela também serve para virar o jogo; para negar e desalojar a vulnerabilidade – a vulnerabilidade que os homens sentem ao desejar uma mulher. É uma reação que quer punir o desejo que abriu uma cratera na fachada da dominação, e isso transfere para a mulher o incômodo do desejo dos homens. *Eu não quero; é você quem quer.* Homens heterossexuais conseguem exercitar, nessa situação, a agressão que direcionam à própria fraqueza, à própria vulnerabilidade e ao próprio desejo. E talvez seja por isso que o desejo, um símbolo incômodo da perda de controle, seja insistentemente reconfigurado como um triunfo sobre a

---

13. D. H. Lawrence, "Pornography and Obscenity", publicado inicialmente em 1929, incluído em *The Cambridge Editions of the Works of D. H. Lawrence: Late Essays and Articles* (org. James T. Boulton), Cambridge University Press, p. 242, 2004.

mulher; como difamação; como humilhação. São esses os ideais de dominação e de poder com os quais os homens punem as mulheres, mas também a si próprios.

A negação da vulnerabilidade significa que, para os homens, o sexo pode vir a se tornar uma arena na qual eles são alienados do prazer; uma arena na qual o horizonte de sucesso está cada vez mais longe, um meio dominado pela melancólica abstinência do desejo profundo ou da alegria. *Coaches* de sedução costumam usar vídeos contendo interações – abordagens, flertes, até sexo – com mulheres que não sabem que estão sendo filmadas. Essas evidentes violações do consentimento servem para ilustrar – para outros homens, para mulheres e para eles mesmos – o controle dos homens sobre as mulheres e o acesso a elas, e ilustram também a capacidade de difundir crueldade e humilhação. Elas sugerem o encorajamento à punição de mulheres que eles consideram de "alto valor". Esses homens obtêm satisfação ao "possuir" as mulheres cujas presenças no mundo podem humilhá-los através da rejeição. Para esses homens, seduzir mulheres é um ato impregnado de vingança e de hostilidade, em vez de prazer; de triunfo, em vez de alegria. Nesse mundo, o sucesso é vazio, uma vez que o espectro da fraqueza e da humilhação renasce das cinzas logo que uma nova aquisição é concluída: você só vale tanto quanto sua última conquista. É um truísmo afirmar que o desejo nunca pode ser aplacado por completo, mas, no mundo da perseguição heterossexual, o mesmo se aplica à hostilidade.

Será que os homens são capazes de respeitar a mutabilidade do desejo sem se tornarem agressivos e, assim, lidar com um "não"? Como seria se mais homens dissessem – e sentissem de verdade – o seguinte: "Eu gostaria de fazer X com você, mas vou sobreviver se você não quiser." Será que os homens são capazes de distribuir convites tentadores e tolerar a recusa?[14] Ou é tudo exigência? Será que somos capazes de ajudar os homens a não se sentirem existencialmente destruídos diante de uma rejeição? Como é possível reverter, nas palavras de Audre Lorde, essa "psicologia jugular", na qual "sua

—
14. Ver Rebecca Kukla, "That's What She Said: The Language of Sexual Negotiation", *Ethics*, p. 129, pp. 70-97, 2018.

declaração de autoafirmação é um ataque à minha pessoa"?[15] Como podemos fazer o sexo importar menos, de modo que ele nos possibilite mais?

✱

Em *Teoria King Kong*, Virginie Despentes escreve sobre sua experiência como profissional do sexo.[16] Era a "fragilidade [do homem] que tornava a coisa difícil... Em minha curta experiência, os clientes eram cheios de humanidade, de fragilidade, de sofrimento. E aquilo ficava comigo depois, grudava em mim como um remorso". O poder masculino e a violência masculina não são mitos, mas são sustentados e ativados por uma mitologia. Os homens conseguem pagar por sexo com tanta facilidade por causa da atual desigualdade social e econômica entre eles e as mulheres. No entanto, se é inegável que, ao pagar por sexo, eles conseguem manifestar a hostilidade direcionada a elas, as verdadeiras razões pelas quais eles o fazem podem ter a ver tanto com vulnerabilidade, fracasso, sofrimento, solidão e medo quanto com poder. As palavras de Despentes sugerem que seria bom considerar a possibilidade de as ações dos homens serem tentativas de recuperar o poder que sentem ter perdido– e refletir acerca de como a necessidade de garantir esse poderio emerge justamente das tentativas de manter à distância o espectro terrível da fraqueza. A declaração de poder é quase sempre uma desvairada negação.

Seja como for, a ideia de que homens não são vulneráveis no sexo é absurda. É fácil feri-los, tanto no âmbito físico quanto no psicológico. Neles, o desejo e o prazer são terrivelmente visíveis ou visivelmente ausentes. Os homens têm critérios muito claros a partir dos quais o fracasso se torna visível: ereção e ejaculação. E, assim como qualquer pessoa, eles têm esperanças, desejos, medos, fantasias, constrangimentos – e tudo isso pode gerar humilhação. Ser homem é estar sempre muitíssimo exposto. Não digo

—

15. Audre Lorde, "Scratching the Surface", p. 19.

16. Virginie Despentes, *King Kong Theory*, traduzido para o inglês por Stéphanie Benson, Serpent's Tail, p. 55, 2009.

isso com o intuito de ridicularizá-los ou humilhá-los; pelo contrário, digo com o intuito de acolher essa vulnerabilidade.

A negação da vulnerabilidade e a desidentificação com o feminino caminham de mãos dadas com a fantasia de soberania. Acontece que todos nós dependemos uns dos outros – daquelas que nos dão à luz e daqueles que cuidam de nós; dos que nos sustentam, que nos alimentam e que possibilitam nosso crescimento, nossa sobrevivência, nosso trabalho e nosso desabrochar. A total independência é uma ficção. E, no sexo, somos todos vulneráveis. A despeito de quem somos, colocamos tecidos, órgãos e sensações vulneráveis e identidades complexas nas mãos de outra pessoa. Ferir-se é sempre uma possibilidade. Esse não é um argumento que defende a indiferença à vulnerabilidade inerente ao outro – não encoraja quem quer que seja a "aguentar", a se resignar, já que nada é perfeito, a se conformar com o sexo ruim. É um argumento contra o estímulo à difamação da vulnerabilidade. Sexo é uma aventura arriscada, e a vulnerabilidade pode ser uma forma de cuidado.

O teórico *queer* Leo Bersani, em seu histórico ensaio *"Is the Rectum a Grave?"* [Seria o reto um túmulo?],[17] de 1987, refere-se ao sexo como o lugar no qual todos – a despeito do gênero – experimentamos o fracasso do corpo em "controlar e manipular o mundo além do eu". Ainda que seja possível celebrar os prazeres da força, não se pode negar o "encanto igualmente forte da ausência de poder, da perda de controle". Para Bersani, o falocentrismo não é "acima de tudo, a negação do poder às mulheres", embora ele seja isso também; ele é, "acima de tudo, a negação do *valor* da ausência de poder, tanto nos homens quanto nas mulheres". Ausência de poder não é um fracasso.

Para Bersani, não deveríamos representar o sexo "apenas como poder". Ele tem razão; não importa quem somos, não importa o que são nossos corpos, nem o que eles fazem: quando se trata de sexo, estamos todos à mercê do outro, e todos nós nos deparamos com a falta de poder, com aquelas angústia e felicidade originárias; todos nós nos tornamos infantis e dependentes. Desejar, ansiar, significa ser vulnerável – buscar sustento,

---

17. Leo Bersani, "Is the rectum a grave?", *October*, 1987, p. 43, pp. 197-222, citações pp. 216-22.

contato, reconhecimento no abraço do outro. Segundo Bersani, o risco do sexual é o risco de "perder o eu de vista". Existe grande alegria, força e transcendência quando nos encontramos na fragmentação do eu composto, do eu adulto – e há relevância política em reconhecer sua ubiquidade. Bersani tem o cuidado de ressaltar que não está se referindo ao "princípio da gentileza, da não agressividade ou da passividade" – ele não advoga *formas* específicas de se exercer a sexualidade, mas se refere, na verdade, ao princípio "da desintegração e da humilhação mais radicais do eu". Da mesma forma, não estou sugerindo que homens ou mulheres adotem uma postura de vulnerabilidade sexual; não estou prescrevendo nenhum comportamento sexual específico. Não estou interessada em rótulos de dominação, submissão, em cima, embaixo, foder ou ser fodido. Não creio que atos sexuais específicos denotem vulnerabilidade ou força; isso seria acreditar que foder é ativo e ser fodido é passivo; como se a disposição de nossos corpos dissesse algo categórico acerca de nossas perspectivas psicológicas, de nossas vulnerabilidades, de nossos sentimentos; como se o binarismo ativo e passivo não fosse usado para dividir os atributos em masculinos poderosos e femininos fracos. Em vez disso, refiro-me a uma aceitação psicológica e social da vulnerabilidade, da capacidade de nos ferirmos, da fragilidade que todos compartilhamos.

Nada disso pretende negar o poderoso erotismo da dominação no sexo – o potencial para excitação dessa postura, em qualquer gênero. O que estou sugerindo é que, para todos nós, gostemos ou não, parte de nosso prazer sexual é a maneira como ele estilhaça – nas palavras de Bersani – essa dominação, e estilhaça a fronteira entre o eu e o outro. E talvez haja um importante ganho ético nesse reconhecimento. O que acontece, conforme pergunta Anat Pick no livro *Creaturely Poetics* [Poética da criatura], quando levamos a sério as implicações de sermos "centrados na vulnerabilidade como um modo universal de se expor?"[18]

Esse deveria ser nosso horizonte utópico: um mundo no qual renunciamos à ilusão de que qualquer um de nós tem poder real ou total quando se trata de sexo e de prazer. A escritora feminista Lynne Segal escreveu

---

18. Anat Pick, *Creaturely Poetics: Animality and Vulnerability in Literature and Film*, Columbia University Press, p. 5, 2011.

que, no sexo, se tivermos sorte, "as grandes dicotomias perdem força"[19] – as dicotomias de masculino e feminino, de quem dá e quem recebe, de ativo e passivo, do eu e do outro. A socióloga Catherine Waldby fala da "reciprocidade mútua na destruição" no sexo,[20] e a poeta Vicki Feaver evoca "nosso pênis a dois / um pilar lustroso / deslizando entre nós".[21] Essas são imagens de dissolução, de troca, de confusão e de junção de identidades, uma atenuação da associação estanque entre receptividade e mulheres, por um lado, e atividade e homens, por outro. Essas imagens são libertadoras de alguma forma – afrouxando a rigidez dos papéis de gênero, permitindo que cada um participe de um repertório mais amplo de sensações e de sentimentos, que reivindique mais para si e que ceda mais para o outro, que use a linguagem para expandir a experiência. E nessa renúncia aos ideais de dominação, *todos nós* podemos encontrar mais prazer.

As mulheres, escreve a educadora sexual Christina Tesoro, são encorajadas a desenvolver a capacidade de dizer não e a capacidade de dizer um sonoro sim, mas não são ensinadas a dizer: "'Talvez. Quer dizer, não tenho certeza...' Ou a dizer 'Me toque um pouco mais, antes. Me toque. Seja gentil. Vá devagar'".[22] Parte do problema, descreve Tesoro, são homens que encaram a hesitação como "mais uma barreira a ser superada, um bloqueio na estrada do outro mapa com o qual eles aprenderam a circular".

---

19. Lynne Segal, "Feminist Sexual Politics and the Heterosexual Predicament", em L. Segal (org.) *New Sexual Agendas*, New York University Press, pp. 77-89, citação p. 86, 1997.

20. Catherine Waldby, "Destruction: Boundary Erotics and Refigurations of the Heterosexual Male Body", em Grosz e Probyn, *Sexy Bodies: The Strange Carnalities of Feminism*, Routledge, pp. 266-77, p. 266., 1995

21. Vicki Feaver, "Hemingway's Hat", *Scottish Review of Books*, 28 de outubro de 2009, scottishreviewofbooks.org.

22. Christina Tesoro, "'Not So Bad': On Consent, Non-consent and Trauma", *The Toast*, 9 de novembro de 2015, the-toast.net.

Quando contemplamos o sexo, não contemplamos a abdicação de nossas reações à pessoalidade ou à sexualidade do outro; sexo não é uma coisa sobre a qual tomamos decisões absolutas. A decisão não é estática porque o sexo não é estático, porque as interações sociais não são estáticas, tampouco o são as pessoas. Sexo não é algo que nos aprisiona para sempre. Isso só é difícil de consentir se endossarmos um modelo de sexo que o equipara à aquisição de um bem; ao cumprimento de uma promessa que, uma vez feita, não pode ser renegociada sem raiva ou sem uma boa justificativa. Entretanto, o sexo não é um objeto. Sexo não é algo a ser dado ou recebido.

Sexo é uma interação inevitavelmente social e interpessoal – com muito mais semelhanças do que diferenças em relação a outros fenômenos sociais. Sexo, como tudo que é social, é um processo, um desenvolvimento, um desenrolar. Sexo é uma conversa e, como qualquer conversa, pode ser promissor e satisfazer uma promessa – ou pode frustrá-la. Podemos nos deparar com profundezas, com surpresas e com novos caminhos, ou podemos dar de cara com algo feio, malvado ou cruel e querer nos desvencilhar.

É crucial criarmos um mundo no qual ninguém se sinta chocado diante do desejo de uma mulher ou de sua afirmação. Porém, não devemos pensar no desejo de uma pessoa como um objeto de fácil identificação, como uma parte acessível dela à qual se pode recorrer com facilidade. O sexo é composto de inúmeros atos de questionamento, de expressão e de investigação. Por que deveríamos saber o que queremos? Por que não achar que os homens devem estar conosco nessa investigação? A fixação no "sim" ou no "não" não nos ajuda a navegar por essas águas; é justamente no espaço turvo e indefinido entre os dois que precisamos aprender a navegar. E é nesse espaço que um processo de investigação pode se instalar, um que possa nos trazer intenso prazer; um processo, nas palavras da escritora Dodie Bellamy, entre "duas pessoas com necessidade mútua e correndo risco idêntico".[23]

---

23. Dodie Bellamy, "My Mixed Marriage", *The Village Voice*, 20 de junho de 2000, villagevoice.com.

128

No filme *Sexta-feira à noite*, adaptação da diretora Claire Denis para o romance da escritora Emmanuèlle Bernheim, Laure está prestes a se mudar do apartamento onde mora sozinha. Ela aparece empacotando a mudança para ir morar com o namorado na manhã seguinte; depois de um tempo examinando roupas, ponderando quais deveria doar e quais manter, ela entra no carro e sai para um jantar com amigos. É uma noite ruim – a chuva torrencial e uma greve nos transportes deixam as ruas engarrafadas. Ao som pulsante da banda Tindersticks, Laure fica no carro, batucando os dedos no volante. Ela cantarola acompanhando o rádio enquanto observa os outros veículos, dentro dos quais os rostos têm o olhar fixo à frente, todos com seus planos e movimentos parados no tempo, aprisionados em seus pequenos universos. Incentivada por uma chamada no rádio, sugerindo que motoristas ofereçam carona a estranhos em meio ao dilúvio, Laure convida um homem, Jean, que a abordara pela janela, a entrar no carro. Os dois ficam em silêncio; o erotismo entre eles dispensa palavras. Laure cancela o jantar com os amigos, usando o péssimo trânsito como desculpa. Ela e Jean quase não conversam; os dois encontram um hotel e vão para a cama.

Mais tarde, eles vão a um restaurante e compartilham uma refeição amigável, quase em silêncio. Um casal que discute numa mesa próxima chama a atenção; a jovem mulher logo se levanta e desce as escadas rumo ao banheiro; Jean a segue. E, então, nós – ou seria Laure? – o vemos fazer sexo com a jovem. Essa cena, retratada com efeito *stop motion* granulado, tem uma ambiguidade vibrante; não temos certeza se ela acontece de fato. É o medo de Laure, sua imaginação; ou seria a nossa? Laure transgrediu; buscou prazer silencioso, físico, com um estranho. É essa a cena que nós, e ela, estamos fadados a temer – a punição, a humilhação infligida a uma mulher que vai à procura do puro prazer? Ou tudo isso é erótico aos olhos de Laure, a possibilidade de, não apenas ela ter tido um encontro puramente sexual, mas de ela, também, ser deixada de lado por esse homem, substituída por outra mulher, num clássico cenário de desleixo: o banheiro?

Ao que parece, Laure não sai de casa com a intenção de seduzir um estranho. O desejo por esse homem, ou por sexo anônimo, não mora dentro dela pronto para ser acionado. Ele surge no ponto crítico que é sua última noite morando sozinha, na transição para uma vida mais compartilhada; nesse ambiente desconcertante de uma Paris imobilizada; na possibilidade erótica – e vulnerável – da suspensão do tempo normal e, com ela, a suspensão das regras. Laure, numa cena final na qual ela ri inebriada e sai correndo do hotel, parece surpresa com as próprias atitudes e satisfeita com a surpresa; teria ela sido tomada de assalto pelo próprio desejo, pelo próprio prazer? Às vezes, o desejo sexual pode nos pegar de surpresa; pode se esgueirar, sem convite, confundindo nossos planos e, no embalo, nossas crenças acerca de quem somos. Mas essa distração só é possível se estivermos vulneráveis a ela. Caso perguntem, é possível que a resposta não seja que queríamos fazer sexo num hotel com um desconhecido insolente. Pode ser impreciso dizer tanto que queríamos quanto que não queríamos. O desejo nem sempre está à espera de ser identificado. Vulnerabilidade é o estado que torna a descoberta possível.

Pode parecer arriscado insistir na ideia de um desejo sexual – e de nós mesmas – como algo desconhecido. A ideia abre caminho para a persuasão, cuja fronteira com a coerção pode ser imprecisa. Não ter certeza do que se quer fortalece as mesmas estratégias coercivas que alguns homens utilizam com tanta confiança e impunidade. Se as mulheres não sabem o que querem, os homens sabem – e convencem as mulheres. É compreensível, portanto, se refugiar na insistência de que sabemos o que queremos a fim de evitar a violência masculina. No entanto, precisamos nos colocar diante do outro com excitação, com curiosidade e com franqueza, e a ênfase num desejo assertivo nas mulheres ofusca a delicada e tensa negociação acerca do desconhecido. Isso não é motivo para descartar o consentimento; é um motivo para questionar seus limites e perguntar se o fardo da ética sexual deve ser posto nele em vez de, quem sabe, na conversa, na investigação mútua, na curiosidade, na incerteza – coisas que, por acaso, são estigmatizadas no âmbito da masculinidade tradicional.

Relacionalidade e responsividade caracterizam todas as interações humanas, admitamos ou não. Não devemos apontar a responsividade como uma virtude menor, a relacionalidade como uma fraqueza a ser superada. Nem sempre o desejo é premente ou urgente; nem sempre o prazer é autoafirmativo; e os outros nos fazem reivindicações, reivindicações essas que, às vezes, queremos atender. Por que considerar uma falha o gesto de ceder, o fato de que *somos* suscetíveis aos outros? Sentimentos, sensações e desejos podem ficar latentes até serem trazidos à vida por aqueles que nos cercam. Precisamos ser capazes de permitir isso, também; não precisamos lutar com tanto ímpeto contra nossa própria permeabilidade, contra nossa maleabilidade.

No fim das contas, nosso entendimento do que é sexo é inseparável de nosso entendimento do que é ser uma pessoa. Não podemos negar que somos criaturas flexíveis e sociais, ingerindo, incorporando e reformulando o tempo tudo aquilo o que absorvemos. A fantasia de uma autonomia completa e de um autoconhecimento completo não é só uma fantasia, é um pesadelo. Uma alma "sem fronteiras", escreve Gillian Rose, no livro *Love's Work* [A tarefa do amor], "é tão conturbada quanto uma com fronteiras imutáveis".[24] A tarefa é "aceitar as próprias fronteiras e as dos outros e, ainda assim, permanecer vulnerável, indefenso em torno delas." Às vezes, o prazer mais intenso é deixar alguém entrar.

No curta-metragem *Lovely Andrea* [Linda Andrea], a artista Hito Steyerl registra a busca por uma fotografia *bondage*[25] sua, feita quando ela era estudante em Tóquio. Em uma das cenas, ela e um fotógrafo examinam uma coleção de imagens de mulheres. Ele diz, em tom de curiosidade e espanto, não de insistência, que "as modelos se sentem livres quando estão amarradas".

As mulheres convivem com uma consciência aguçada da própria vulnerabilidade ao abuso e das complexas negociações que precisam estabelecer

---

24. Gillian Rose, *Love's Work: A Reckoning with Life*, Schocken Books, p. 105, 1995.

25. *Bondage* é uma prática BDSM que consiste em amarrar alguém ou restringir de algum modo seus movimentos, consensualmente. Fotografia *bondage* é um estilo de fotografia inspirado nessa prática. (N.T.)

a fim de sentir prazer. E todos nós, qualquer que seja o gênero, nascemos num cenário permeado de violência, de rigidez e de vergonha. Como consequência, cada um de nós desenvolve o próprio erotismo, complexo e particular. Quem sabe por que fazemos o que fazemos? Quem sabe por que queremos o que queremos?

Não acredito que seja possível deixar o poder de fora do sexo, que seja possível adentrar uma zona festivamente livre de desigualdade. Não acredito que o consentimento, como por milagre, desestabilize os desequilíbrios de poder que operam em nossas interações. "Amanhã o sexo será bom novamente", disse Foucault, com ironia, de brincadeira; esse é o ideal, e é a ilusão. A negociação de desequilíbrios de poder entre homens e mulheres, entre todos nós, ocorre minuto a minuto, segundo a segundo. E não há nenhuma seara, sexual ou não, na qual o ato de negociação não seja mais necessário. O que quer que façamos, no sexo ou no que for, calibramos nossos desejos em relação aos do outro e tentamos entender o que queremos. Acontece que não nos limitamos a trabalhar o que queremos e, a partir daí, agimos de acordo com o aprendizado. Trabalhar o que queremos é uma tarefa de vida inteira, e precisa ser feita de novo, de novo e de novo. A alegria pode estar em nunca terminá-la.

AGRADECIMENTOS

Este livro teve uma longa gestação; há vestígios de muita gente e de muitos lugares nestas páginas.

Obrigada à editora Verso pela dedicação ao livro, em particular a Jessie Kindig, a Rosie Warren e a Leo Hollis. Jessie não poderia ter sido uma editora e uma interlocutora melhor. Obrigada a Alba Ziegler-Bailey, a Sarah Chalfant e a Charles Buchan, da Agência Wylie, por todo o trabalho e apoio.

Obrigada aos meus colegas e alunos do Departamento de Língua Inglesa, Teatro e Escrita Criativa da Birkbeck College, na University of London. Obrigada, também, aos colegas em meus postos anteriores em Queen Mary, University of London, e na Warwick University. Obrigada à Fundação The Leverhulme e à instituição Wellcome Trust pelas bolsas de pós-doutorado. Obrigada à equipe da British Library, da Wellcome Library e a todos da Gladstone's Library, um refúgio produtivo ao longo dos anos. Obrigada ao Departamento de História e Filosofia da Ciência, na Cambridge University, onde fiz meu doutorado, muito tempo atrás.

Devo muito ao meu orientador de doutorado, o falecido John Forrester. Eu adoraria que ele ainda estivesse entre nós e que eu pudesse presenteá-lo com este livro.

O apoio e o companheirismo de meus amigos têm uma longa história de embates com este livro; tive conversas cruciais sobre o material e sobre a escrita com muitos deles. São eles: Mitzi Angel, Nick Blackburn, Sam Byers, Allie Carr, Christen Clifford, Hannah Dawson, Jean Hannah Edelstein,

Lauren Elkin, Georgina Evans, Sam Fisher, Alyssa Harad, Chrlotte Higgins, Rebecca May Johnson, Amy Key, Jodie Kim, Mériam Korichi, Eric Langley, Miriam Leonard, Patrick Mackie, Kaye Mitchell, Sasha Mudde, Louise Owen, Daisy Parente, Sarah Perry, Richard Porter, Casseie Robinson, Isabelle Schoelcher, Rebecca Tamás, Joanna Walsh, Rachel Warrington, Tiffany Watt-Smith, Kate Zambreno. TW foi uma ótima fonte de apoio. Adoraria que Claire Nacamuli ainda estivesse entre nós.

Rascunhos iniciais e partes do livro foram lidos por Mitzi Angel, Sam Byers, Hannah Dawson, Alyssa Harad, Patrick Mackie e Matthew Sperling. O retorno que me deram, com generosidade e rigor, foi muito valioso, e o apoio, vital.

Sinceros agradecimentos a Francesca Joseph. Sinceros agradecimentos e meu amor a Ros e David Angel, e a Matthew Sperling e Buddy.

Ao longo dos anos, as conversas com Allie Carr, Cassie Robinso, Sasha Mudd e Mitzi Angel me moldaram profundamente, assim como a este livro. Eu o dedico a elas, com amor.

REFERÊNCIAS

Amy Cuddy, "Your Body Language May Shape Who You Are". TED Talk, junho de 2012, ted.com.

Associação de Psicologia dos Estados Unidos, *Manual de diagnóstico e estatística*, 3ª ed. *DSM* III. Washington: American Psychiatric Association, 1980.

Associação de Psicologia dos Estados Unidos, *Manual de diagnóstico e estatística*, 5ª ed. *DSM* V. Washington: American Psychiatric Association, 2013.

Associação de Psicologia dos Estados Unidos, *Relatório da sobre a sexualixação de meninas*. Washington: American Psychological Association, 2007.

BBC Radio 4, "The New Age of Consent", setembro de 2018, disponível em bbc.co.uk.

Claire Denis (direção), *Vendredi Soir* [Sexta-feira à noite]. França, 2002.

Deborah Coughlin, *Outspoken: 50 Speeches by Incredible Women from Boudicca to Michelle Obama*. Ebury, 2019.

Delphine Dhilly e Blandine Grosjean (direção), *Sexe sans consentement*. França, 2018.

E. L. James, *Cinquenta tons de cinza*. Intrínseca, 2012; o filme foi dirigido por Sam Taylor-Johnson, 2015.

Felice Newman, *The Whole Lesbian Sex Book: A Passionate Guide for All of Us*. Cleis Press, 2004.

Gail Dines, *Pornland: How Porn Has Hijacked our Sexuality*. Beacon Press, 2010.

Hillary e Chelsea Clinton, *The Book of Gutsy Women: Favorite Stories of Courage and* Resilience. Simon & Schuster, 2019.

Hito Steyerl (direção), *Lovely Andrea*. Alemanha, 2008.

Jess Phillips, *Everywoman: One Woman's Truth About Speaking the Truth*. Cornerstone, 2018.

Lana e Lilly Wachowski (direção), *Bound* [Ligadas pelo desejo]. Estados Unidos, 1996.

Mantak e Maneewan Chia; Douglas Abrams e Rachel Carlton Abrams, *The Multi-Orgasmic Couple: Sexual Secrets Every Couple Should Know*. HarperOne, 2002.

Mati Diop (direção), *Atlantique*. Senegal/França/Bélgica, 2019.

Josh Appignanesi (diração e roteiro) e Chloe Aridjis (roteiro), *Female Human Animal*. Reino Unido, 2018.

Nancy Friday, *My Secret Garden*. Virago, 1975.

Michaela Coel (direção e roteiro), *I May Destroy You*. HBOMax, 2020.

Michel Foucault, *História da sexualidade vol. 1 – A vontade de saber*, tradução de Maria Thereza da Costa Albuquerque e J. A. Guilhon Albuquerque. Paz e Terra, 2020.

Kevin Leman, *Sheet Music: Uncovering the Secrets of Sexual Intimacy in* Marriage. Tyndale Publishers, 2003.

Pamela Paul, *Pornified: How Pornography is Damaging Our Lives, Our Relationships, and Our Families*. Henry Holt, 2005. [*Pornificados: Como a pornografia está transformando a nossa vida, os nossos relacionamentos e as nossas famílias*. Cultrix, 2006].

_____, *Truth to Power: 7 Ways to Call Time on BS*. Octopus, 2019.

Sheryl Sandberg, *Lean In – Women, Work, and the Will to Lead*. Alfred A. Knopf, 2013. [Faça acontecer – Mulheres, trabalho e a vontade de liderar. Companhia das Letras, 2013].

Yvette Cooper, *She Speaks: The Power of Women's Voices from Pankhurst to Thunberg*. Atlantic Books, 2019.

Este livro foi editado pela Bazar do Tempo na cidade de São Sebastião do Rio de Janeiro e impresso em papel Pólen bold 70g pela gráfica Piffer, em março de 2023. Foram usadas as fontes Revelstoke, do estúdio Rook Supply e Calluna, de exljbris Font Foundry.